NEW 敎養漢文 Workbook

林 永 澤 編著

제이앤씨
Publishing Company

　　본서는 '教養漢文(林永澤, 제이앤씨, 2002)'을 교재로 한자를 학습하는 수강생들을 위한 워크 북으로 만들어졌다. 한 민족의 언어를 대표하는 시각적 기호체계인 문자(文字)를 단순히 눈과 귀로만 학습해서는 제대로 된 문자를 습득할 수 없다. 더군다나 어린 시절부터 제도화된 한자 교육을 받지 못하고 성장한 요즘의 젊은이들에게 한자는 일종의 낯선 외국문자로 느껴진다 해 도 과언이 아닐 것이다.

　　'교양한문'을 가지고 온라인강좌를 통해 수업하면서 늘 채울 수 없는 갈증에 아쉬워 했었다. 면대면(面對面)의 수업이긴 하지만 직접적으로 얼굴을 맞대고 교수하는 것이 아니라 모니터 화면 속에서의 교수자를 학생들이 단순히 들여다 보고 귀로 들으며 학습하는 형태이기 때문이다. 이러 한 e-learning의 단점을 보완해 줄 수단을 찾고자 고민한 결과, 수강자로 하여금 학습한 내용을 재차 확인하고 스스로 써 보게 하는 것이 가장 효과적인 대체수단이 될 것이란 확신을 갖게 되었다.

　　21세기 정보화시대에 수많은 문명의 이기(利器)들이 현대인의 생활을 참으로 편리하게 해 주 었지만, 반면 이전에 볼 수 없었던 새로운 문맹(文盲)을 양산해내는 지경에 이르게 되었다. 어렵 고 복잡한 것은 기피하려는 요즘 세태를 반영이라도 하듯 젊은이들은 문자생활에서도 간편한 것만 좇다보니 우리의 문자생활에서 중요한 영역을 차지하고 있는 한자는 사용자들로부터 점 점 더 멀어져만 갈 뿐이다. 이를 심각한 현상으로 여기는 목소리가 여기 저기서 터져 나오지만, 젊은이들에게는 다만 '쇠귀에 경 읽기'가 되어 가고 있으니 참으로 안타까울 뿐이다.

　　자발적으로 하지 못 하는 학습이다보니 강제적으로라도 시켜 보고자 이런 류(類)의 워크북을 발간해야 하는 본인도 씁쓸한 마음을 지울 길이 없다. 수강생들의 무수한 원성(怨聲)을 감수하 고서라도 학습자를 위한 교재를 발간하는 저자의 마음을 학생들이 헤아려 주길 기대할 뿐이다.

　　본서는 '教養漢文(2002)'과 시리즈의 성격을 지니고 있으므로 학습 진행단계에 따라 해당 영 역을 따라 복습할 수 있도록 구성되어 있다. 수업을 듣고나서 복습의 단계로 본서의 문제를 풀 어 보고 빈칸을 채워가다 보면 어느새 자신의 한자실력이 부쩍 성장해 있음을 발견하게 될 것 이다. 손목과 손가락이 심한 고통을 느끼는 사이에 자신의 지적 성장이 이루어져 간다는 확신 을 가지고 과제에 임해 주기 바란다.

　　다시 한 번 제현(諸賢)들의 성공을 기원하는 바이다.

2017년 8월 光復節 아침

林 永 澤

차 례

NEW

教養漢文 Workbook

Ⅰ. 한자의 구조

• 한자(漢字)의 육서(六書), 즉 한자 조자(造字)의 방법과 원칙을 이해한다.

01 다음 중 제시된 조자(造字)방법에 해당하는 한자를 고르시오.

1) 상형자(象形字) : ① 目 ② 三 ③ 赫 ④ 焦

지사자(指事字) : ① 人 ② 寸 ③ 今 ④ 山

회의자(會意字) : ① 江 ② 廣 ③ 林 ④ 界

형성자(形聲字) : ① 采 ② 信 ③ 感 ④ 鳥

가차자(假借字) : ① 綠 ② 高 ③ 來 ④ 新

전주자(轉注字) : ① 念 ② 說 ③ 典 ④ 本

2) 상형자(象形字) : ① 太 ② 別 ③ 口 ④ 二

지사자(指事字) : ① 米 ② 水 ③ 木 ④ 末

회의자(會意字) : ① 車 ② 轟 ③ 巨 ④ 銃

형성자(形聲字) :   ① 森   ② 男   ③ 聞   ④ 樂

가차자(假借字) :   ① 豆   ② 空   ③ 直   ④ 安

전주자(轉注字) :   ① 淸   ② 吐   ③ 田   ④ 惡

3) 상형자(象形字) :   ① 穴   ② 馬   ③ 果   ④ 小

지사자(指事字) :   ① 本   ② 牛   ③ 火   ④ 好

회의자(會意字) :   ① 龜   ② 鹿   ③ 鳥   ④ 鳴

형성자(形聲字) :   ① 江   ② 看   ③ 明   ④ 集

가차자(假借字) :   ① 人   ② 刀   ③ 其   ④ 土

전주자(轉注字) :   ① 樂   ② 品   ③ 見   ④ 風

4) 상형자(象形字) :   ① 一   ② 羊   ③ 上   ④ 成

지사자(指事字) :   ① 兎   ② 刃   ③ 禾   ④ 月

회의자(會意字) :   ① 休   ② 洋   ③ 魚   ④ 門

형성자(形聲字) :   ① 肉   ② 鴨   ③ 童   ④ 位

전주자(轉注字) :   ① 今   ② 好   ③ 年   ④ 谷

5) 상형자(象形字) :   ① 堂   ② 買   ③ 用   ④ 田

지사자(指事字) :   ① 事   ② 床   ③ 束   ④ 曰

회의자(會意字) :   ① 信   ② 病   ③ 忘   ④ 測

형성자(形聲字) :   ① 采   ② 武   ③ 安   ④ 島

6) 상형자(象形字) :　①亦　②甘　③木　④莫

지사자(指事字) :　①上　②齒　③向　④子

회의자(會意字) :　①河　②聞　③帛　④男

형성자(形聲字) :　①銅　②涉　③益　④祝

7) 상형자(象形字) :　①爲　②牛　③棄　④和

지사자(指事字) :　①夫　②州　③下　④山

회의자(會意字) :　①老　②考　③草　④多

형성자(形聲字) :　①行　②悲　③果　④鳴

8) 상형자(象形字) :　①水　②朱　③森　④炎

지사자(指事字) :　①貝　②二　③又　④頁

회의자(會意字) :　①解　②陵　③芹　④菜

형성자(形聲字) :　①頭　②牧　③看　④寶

9) 상형자(象形字) :　①右　②從　③休　④川

지사자(指事字) :　①雲　②手　③朱　④舟

회의자(會意字) :　①晴　②明　③晨　④架

형성자(形聲字) :　①束　②鼠　③道　④草

10) 상형자(象形字) :　①凶　②山　③示　④王

지사자(指事字) :　①舌　②牙　③石　④中

회의자(會意字) : ① 麻 ② 焚 ③ 竹 ④ 米

형성자(形聲字) : ① 自 ② 光 ③ 界 ④ 風

02 제시된 한자와 조자(造字)방식이 같은 한자를 골라 보시오.
(해당 글자를 자전(字典)에서 찾아 글자 구성의 원리를 각각 파악해 보시오.)

1) 雨 : ① 吐 ② 入 ③ 仔 ④ 咳

2) 上 : ① 空 ② 凸 ③ 盆 ④ 固

3) 騎 : ① 朋 ② 陣 ③ 進 ④ 伸

4) 功 : ① 忌 ② 疾 ③ 集 ④ 此

5) 中 : ① 材 ② 笠 ③ 王 ④ 景

6) 泳 : ① 捉 ② 肝 ③ 昌 ④ 采

7) 訓 : ① 電 ② 潮 ③ 欺 ④ 符

8) 聞 : ① 花 ② 木 ③ 好 ④ 林

9) 折 : ① 零 ② 刹 ③ 望 ④ 晶

10) 征 : ① 秋 ② 祝 ③ 腰 ④ 蟲

11) 巾 : ① 故 ② 自 ③ 到 ④ 姦

12) 杖 : ① 吹 ② 臭 ③ 房 ④ 炊

13) 茅 : ① 則 ② 炭 ③ 態 ④ 芝

14) 衣 : ① 和 ② 近 ③ 坐 ④ 芝

15) 家 : ① 炅 ② 速 ③ 悶 ④ 村

16) 淸 : ① 把 ② 討 ③ 投 ④ 烹

17) 計 : ① 注 ② 呼 ③ 羔 ④ 格

18) 出 : ① 尖 ② 屯 ③ 世 ④ 立

19) 哭 : ① 停 ② 姦 ③ 源 ④ 像

20) 期 : ① 昊 ② 放 ③ 化 ④ 話

Ⅱ. 한자의 부수

- 한자(漢字)의 부수자(部首字) 214자는 한자를 익히고 이해하는 근본이다. 한자를 글자 모양에 따라 각각 분류, 배열할 때 그 글자를 대표하는 글자이며 한자 육서(六書)의 형성자(形聲字)에서 뜻 부분을 나타내는 것이 바로 부수이므로, 부수의 학습이 선행되어야 한자를 쉽게 이해하고 학습할 수 있다.

01 아래 예와 같이 제시된 부수자와 그 명칭을 모두 써 보시오.

예	一	一	一	一	一	一	一	一	一	一
	한일	한일	한일	한일	한일	한일	한일	한일	한일	한일
1획	｜									
	뚫을곤									
	丶									
	점주									
	丿									
	삐칠별									
	乙(乚)									
	새을									

1획	亅 갈고리궐									
2획	二 두이									
	亠 돼지해머리									
	人 사람인									
	亻 사람인변									
	儿 어진사람인									
	入 들입									
	八 여덟팔									
	冂 멀경몸									
	冖 민갓머리									
	冫 이수변									
	几 안석궤									
	凵 위터진입구									

2획	刀 칼도								
	刂 선칼도방								
	力 힘력								
	勹 쌀포몸								
	匕 비수비								
	匚 터진입구								
	匸 터진애운담								
	十 열십								
	卜 점복								
	卩 병부절								
	厂 민엄호밑								
	厶 마늘모								
	又 또우								

3획	口 입구										
	囗 큰입구몸										
	土 흙토										
	士 선비사										
	夂 뒤처져올치										
	夊 천천히걸을쇠										
	夕 저녁석										
	大 큰대										
	女 계집녀										
	子 아들자										
	宀 갓머리										
	寸 마디촌										
	小 작을소										

尢									
절름발이왕									
尸									
주검시									
屮									
왼손좌									
山									
뫼산									
巛(川)									
개미허리									
工									
장인공									
己									
몸기									
巾									
수건건									
干									
방패간									
幺									
작을요									
广									
엄호밑									
廴									
민책받침									
廾									
스무입발									

3획

	弋									
	주살익									
	弓									
	활궁									
	彐(彑)									
	튼가로왈									
	彡									
	터럭삼									
3획	彳									
	두인변									
	忄									
	심방변									
	扌									
	재방변									
	氵									
	삼수변									
	犭									
	개사슴변									
	心									
	마음심									
	戈									
4획	창과									
	戶									
	지게호									
	手									
	손수									

4획	支 지탱할지								
	攴(攵) 등글월문								
	文 글월문								
	斗 말두								
	斤 도끼근								
	方 모방								
	无 이미기방								
	日 날일								
	曰 가로되왈								
	月 달월								
	木 나무목								
	欠 하품흠								
	止 그칠지								

4획	歹 죽을사변									
	殳 갖은둥글월문									
	毋 말무									
	比 견줄비									
	毛 털모									
	氏 각시씨									
	气 기운기밑									
	水 물수									
	火 불화									
	灬 불화발									
	爪(爫) 손톱조									
	父 아비부									
	爻 점쾌효									

爿 장수장변									
片 조각편									
牙 어금니아									
牛 소우									
犬 개견									
王 구슬옥									
艹 초두									
辶 책받침									
耂 늙을로엄									
玄 검을현									
玉 구슬옥									
瓜 오이과									
瓦 기와와									

	甘 달감								
	生 날생								
	用 쓸용								
	田 밭전								
	疋 필필								
	疒 병질엄								
5획	癶 필발머리								
	白 흰백								
	皮 거죽피								
	皿 그릇명								
	目 눈목								
	矛 창모								
	矢 화살시								

5획	石 돌석									
	示(礻) 보일시									
	内 자귀유									
	禾 벼화									
	穴 구멍혈									
	立 설립									
	罒 그물망									
	衤 옷의									
6획	竹 대죽									
	米 쌀미									
	糸 실사									
	缶 장군부									
	羊 양양									

	羽 깃우								
	而 말이을이								
	耒 쟁기뢰								
	耳 귀이								
	聿 붓율								
	肉 고기육								
6획	臣 신하신								
	自 스스로자								
	臼 절구구								
	舌 혀설								
	舛 어지러질천								
	舟 배주								
	艮 간괘간								

色 빛색										
虍 범호밑										
虫 벌레훼										
血 피혈										
行 다닐행										
襾 덮을아										
艸 초두밑										
网 그물망										
老 늙을로										
衣 옷의										
見 볼견										
角 뿔각										
言 말씀언										

7획	谷 골곡								
	豆 콩두								
	豕 돼지시								
	豸 갖은돼지시								
	貝 조개패								
	赤 붉을적								
	走 달릴주								
	足 발족								
	身 몸신								
	車 수레거								
	辛 메울신								
	辰 별진								
	辵 갖은책받침								

	邑(阝)								
	고을읍								
	酉								
7획	닭유								
	釆								
	분별할변								
	里								
	마을리								
	金								
	쇠금								
	長								
	긴장								
	門								
	문문								
	阜(阝)								
	언덕부								
8획	隶								
	미칠이								
	隹								
	새추								
	雨								
	비우								
	靑								
	푸를청								
	非								
	아닐비								

9획	面 낯면									
	革 가죽혁									
	韋 가죽위									
	韭 부추구									
	音 소리음									
	頁 머리혈									
	風 바람풍									
	飛 날비									
	食 먹을식									
	首 머리수									
	香 향기향									
10획	馬 말마									
	骨 뼈골									

高 높을고									
髟 터럭발밑									
鬥 싸움투									
鬯 술창									
鬲 솥력									
鬼 귀신귀									
魚 물고기어									
鳥 새조									
鹵 소금밭로									
鹿 사슴록									
麥 보리맥									
麻 삼마									
黃 누를황									

10획: 高, 髟, 鬥, 鬯, 鬲, 鬼
11획: 魚, 鳥, 鹵, 鹿, 麥, 麻
12획: 黃

12획	黍 기장서									
	黑 검을흑									
	黹 바느질치									
13획	黽 맹꽁이맹									
	鼎 솥정									
	鼓 북고									
	鼠 쥐서									
14획	鼻 코비									
	齊 가지런할제									
15획	齒 이치									
16획	龍 용룡									
	龜 거북구									
17획	龠 피리약									

02 다음 제시된 한자의 부수(部首)는 무엇인지 골라 보시오.

1) 情 :   ① 靑   ② 心   ③ 火   ④ 丹

2) 體 :   ① 骨   ② 豊   ③ 豆   ④ 曲

3) 福 :   ① 一   ② 口   ③ 示   ④ 田

4) 談 :   ① 火   ② 炎   ③ 言   ④ 談

5) 患 :   ① 口   ② 中   ③ 串   ④ 心

6) 船 :   ① 八   ② 口   ③ 丹   ④ 舟

7) 謝 :   ① 身   ② 言   ③ 寸   ④ 射

8) 憶 :   ① 立   ② 心   ③ 日   ④ 意

9) 輝 :   ① 光   ② 軍   ③ 申   ④ 車

10) 堅 :   ① 臣   ② 又   ③ 土   ④ 一

11) 伏 :   ① 亻   ② 丶   ③ 大   ④ 犬

12) 貧 :   ① 八   ② 分   ③ 目   ④ 貝

13) 縮 :   ① 糸   ② 宀   ③ 亻   ④ 宿

14) 響 :   ① 鄕   ② 音   ③ 立   ④ 日

15) 濁 :   ① 氵   ② 罒   ③ 虫   ④ 蜀

16) 毫 :   ① 亠   ② 口   ③ 冖   ④ 毛

17) 惑 :   ① 心   ② 或   ③ 戈   ④ 口

18) 端 :   ① 山   ② 而   ③ 立   ④ 耑

19) 葉 :   ① 艹   ② 世   ③ 木   ④ 葉

20) 鐘 :   ① 金   ② 立   ③ 里   ④ 童

Ⅲ. 필획과 필순 연습

01 필 획

1) 다음 한자의 총획수는 몇 획인가?

街	12	家		感		鋼		降		槪		脚		渴	
據		擧		擊		缺		慶		庚		契		庫	
孤		哭		恭		關		敎		救		勸		旗	
繁		謹		極		騎		羅		難		耐		寧	
農		腦		能		斷		端		段		短		黨	
隊		途		導		讀		獨		洞		童		動	
得		燈		蘭		浪		糧		禮		鹿		累	
離		慢		勉		鳴		夢		微		敏		密	
暮		茂		物		博		飯		配		般		煩	
番		變		寶		腹		蜂		簿		墳		備	
肥		飛		頻		邪		蛇		寫		絲		賜	
散		殺		嘗		賞		喪		裳		塞		敍	

釋		鮮		涉		聲		歲		素		速		屬	
孫		鎖		誰		隨		睡		熟		濕		乘	
襲		識		植		神		晨		尋		深		雙	
雅		餓		顔		謁		巖		夜		藥		樣	
憶		業		輿		戀		緣		憐		熱		鹽	
營		藝		獄		翁		謠		憂		郵		愚	
雲		雄		越		願		圓		幽		律		隱	
應		醫		義		夷		忍		逸		雌		潛	
暫		藏		載		張		著		賊		籍		轉	
蝶		整		齊		鐘		準		蒸		職		執	
贊		創		彩		淺		遷		聽		觸		總	
蓄		衝		漆		寢		稱		奪		鬪		幣	
爆		學		解		鄉		顯		護		歡		戲	

2) 제시된 한자와 총획수가 같은 글자는?

(1)　　倫：　　①俱　　②亮　　③侵　　④便

(2)　　亭：　　①凍　　②剖　　③唐　　④宣

(3)　　世：　　①伐　　②伏　　③乎　　④全

(4)　　勁：　　①事　　②利　　③些　　④各

(5)　　來：　　①更　　②姿　　③臥　　④屎

(6)　　帝：　　①郡　　②晃　　③脂　　④建

(7)　根：　　①域　　②珠　　③婦　　④孰

(8)　冥：　　①崑　　②乾　　③喜　　④湯

(9)　惠：　　①亂　　②勢　　③爲　　④慈

(10)　楚：　　①夢　　②寬　　③獄　　④遇

(11)　劍：　　①勳　　②墨　　③墻　　④導

(12)　濃：　　①整　　②燮　　③縮　　④縫

(13)　聲：　　①雜　　②雙　　③聯　　④闕

(14)　顔：　　①爵　　②璽　　③邊　　④簿

(15)　繫：　　①爐　　②懸　　③寶　　④蟹

(16)　園：　　①給　　②塊　　③視　　④評

(17)　超：　　①春　　②處　　③訥　　④開

(18)　軟：　　①黃　　②紙　　③羔　　④臭

(19)　壓：　　①儒　　②劑　　③嶺　　④壁

(20)　奮：　　①墜　　②戰　　③價　　④嘲

02 필 순

한자의 필순(筆順)을 정확히 이해하고, 평소에 정자(正字)로 쓰는 습관을 기른다.
서예를 익히면 한자의 필순을 학습하는 데 큰 도움을 받을 수 있다.

• 다음 제시된 한자를 필순(筆順)에 맞게 써 보시오.

1) 예시대로 써보기

看	一	二	三	天	禾	看	看	看	看				
大	一	ナ	大										
十	一	十											
干	一	二	干										
三	一	二	三										
合	ノ	人	스	今	合	合							
川	ノ	川	川										
州	ヽ	ナ	小	州	州	州							

日	丨	冂	日	日						
月	丿	刀	月	月						
田	丨	冂	円	田	田					
國	丨	冂	冂	冃	同	同	同	或	國	國	國
小	亅	小	小							
示	一	二	亍	示	示					
水	亅	才	水	水						
古	一	十	古	古	古					
中	丨	冂	口	中						
甲	丨	冂	日	日	甲					
平	一	丆	八	立	平					
由	丨	冂	由	由	由					

王	一	三	干	王								
主	丶	一	亠	主	主							
女	乀	女	女									
子	乛	了	子									
丹	丿	刀	刀	丹								
犬	一	ナ	大	犬								
式	一	二	丁	玉	式	式						
代	丿	亻	伫	代	代							
母	乚	口	丹	母	母							
父	丶	八	分	父								
人	丿	人										
木	一	十	才	木								

赤	一	十	土	夫	赤	赤	赤					
建	기	긔	긐	ㅋ	ㄹ	聿	聿	律	建			
近	′	厂	斤	斤	斤	近	近	近				
送	′	八	ハ	丷	쏘	쏫	쏫	쏫	送	送		
道	ヽ	′′	丷	丷	首	首	首	首	首	首	道	道
左	一	ナ	左	左	左							
在	一	ナ	存	存	在	在						
有	ノ	ナ	冇	有	有	有						

2) 필순의 법칙대로 써보기

看										
靑										
冊										
然										
暴										
校										

車												
術												
成												
希												
同												
聞												
紙												
我												
樂												
感												
赫												
善												
風												
敗												
食												
推												
側												
區												
業												
馬												
與												
億												
勳												
惡												

3) 다음 제시된 필순(筆順)의 설명에 가장 가까운 한자는 무엇인가?

(1) 왼쪽 삐침(/)을 먼저 쓰고, 오른쪽 삐침(＼)은 나중에 쓴다.
　　① 丹　　　　② 水　　　　③ 父　　　　④ 左

(2) 가로획과 세로획이 교차할 때에는 가로획을 먼저 긋는다.
　　① 甲　　　　② 式　　　　③ 女　　　　④ 有

(3) 좌우를 먼저 쓰고 가운데를 나중에 쓴다.
　　① 犬　　　　② 水　　　　③ 小　　　　④ 火

(4) 왼쪽에서 오른쪽으로 쓴다.
　　① 國　　　　② 王　　　　③ 州　　　　④ 代

(5) 밖을 먼저 둘러 싸고, 안을 나중에 쓴다.
　　① 主　　　　② 田　　　　③ 中　　　　④ 母

(6) 책받침은 맨 나중에 한다.
　　① 道　　　　② 在　　　　③ 平　　　　④ 赤

(7) 오른쪽 위의 점은 맨 나중에 찍는다.
　　① 太　　　　② 我　　　　③ 赤　　　　④ 丹

Ⅳ. 혼동하기 쉬운 한자

01 다음 한자어의 독음(讀音)이 잘못된 것은?

1) ① 균열(龜裂)　　② 건곤(乾坤)　　③ 습득(拾得)　　④ 저색(著色)

2) ① 도화(圖畵)　　② 소식(疏食)　　③ 폭도(暴徒)　　④ 정제(整齊)

3) ① 악원(樂園)　　② 개척(開拓)　　③ 규칙(規則)　　④ 주택(住宅)

4) ① 용이(容易)　　② 낙엽(落葉)　　③ 자객(刺客)　　④ 삼배(參拜)

5) ① 연칙(然則)　　② 패배(敗北)　　③ 요새(要塞)　　④ 삭막(索寞)

6) ① 반성(反省)　　② 심몰(沈沒)　　③ 사탕(砂糖)　　④ 인솔(引率)

7) ① 택내(宅內)　　② 집기(什器)　　③ 쇠약(衰弱)　　④ 이두(吏讀)

8) ① 부당(不當)　　② 감쇄(減殺)　　③ 생진(生辰)　　④ 귀감(龜鑑)

9) ① 알현(謁見)　　② 폭악(暴惡)　　③ 거마(車馬)　　④ 표지(標識)

10) ① 통찰(洞察)　　② 부활(復活)　　③ 유세(遊說)　　④ 추고(推敲)

02 '□'에 들어 갈 한자로 바른 것은?

1) 艱□   ① 申   ② 杏   ③ 幸   ④ 辛

2) □氣   ① 皿   ② 血   ③ 亡   ④ 芒

3) □道   ① 干   ② 人   ③ 入   ④ 八

4) □習   ① 囚   ② 困   ③ 因   ④ 口

5) □平   ① 太   ② 犬   ③ 大   ④ 丈

6) □往   ① 乙   ② 己   ③ 巳   ④ 已

7) □性   ① 持   ② 待   ③ 特   ④ 侍

8) □地   ① 墓   ② 暮   ③ 募   ④ 幕

9) □類   ① 烏   ② 鳥   ③ 島   ④ 鳴

10) □歡   ① 衰   ② 哀   ③ 衷   ④ 充

03 다음 한자어와 독음(讀音)이 같은 한자어는?

1) 決勝 :   ① 快闊   ② 結繩   ③ 進出   ④ 敗戰

2) 公私 :   ① 工事   ② 公孫   ③ 共時   ④ 空洞

3) 悲痛 :   ① 悲壯   ② 秘藏   ③ 鼻痛   ④ 秘密

4)	相思 :	① 省察	② 商權	③ 常識	④ 商社
5)	齒列 :	① 治熱	② 冶金	③ 夜盜	④ 斷交
6)	星空 :	① 性質	② 成功	③ 聖像	④ 相識
7)	引導 :	① 認識	② 壯觀	③ 印銘	④ 印度
8)	護身 :	① 胡神	② 變身	③ 身體	④ 確立
9)	戰時 :	① 感動	② 箭矢	③ 戰士	④ 感謝
10)	結團 :	① 缺食	② 缺席	③ 決斷	④ 結盟
11)	故情 :	① 孤亭	② 孤兒	③ 苦樂	④ 單純
12)	算數 :	① 散步	② 山蘭	③ 散亂	④ 山水
13)	怨聲 :	① 園樹	② 元數	③ 原性	④ 源泉
14)	奇疾 :	① 奇拔	② 騎將	③ 氣質	④ 企望
15)	異常 :	① 理想	② 離心	③ 離別	④ 理論
16)	醫師 :	① 擬似	② 疑心	③ 醫療	④ 疑懼
17)	旺盛 :	① 王冠	② 王命	③ 住宿	④ 王城
18)	恒時 :	① 恒常	② 港市	③ 橫財	④ 惶悚
19)	面識 :	① 眠食	② 面貌	③ 回覽	④ 面相
20)	懇談 :	① 肝膽	② 禪僧	③ 淸算	④ 地神

04 다음 한자어와 뜻이 상대되는 한자어는?

1) 自動 : ① 手動 ② 發動 ③ 動作 ④ 發射

2) 學生 : ① 書生 ② 先生 ③ 庶生 ④ 書面

3) 加重 : ① 輕減 ② 輕重 ③ 傾斜 ④ 景致

4) 結果 : ① 事緣 ② 原因 ③ 原理 ④ 果然

5) 初面 : ① 面識 ② 上面 ③ 體面 ④ 舊面

6) 榮譽 : ① 光榮 ② 聖光 ③ 恥辱 ④ 恥部

7) 非凡 : ① 平凡 ② 凡常 ③ 凡例 ④ 非常

8) 海洋 : ① 陸地 ② 水面 ③ 陸路 ④ 陸軍

9) 慢性 : ① 急性 ② 性格 ③ 性質 ④ 感性

10) 勝利 : ① 勝敗 ② 壓勝 ③ 敗殘 ④ 敗北

11) 危機 : ① 觸發 ② 危險 ③ 機會 ④ 絶好

12) 沈沒 : ① 浮上 ② 寢室 ③ 浸水 ④ 發顯

13) 自力 : ① 公力 ② 他力 ③ 强力 ④ 助力

14) 邪敎 : ① 政敎 ② 政治 ③ 政黨 ④ 敎會

15) 妥當 : ① 夫黨 ② 穩當 ③ 正當 ④ 不當

16) 膨脹 :　　① 浮腫　　② 收縮　　③ 減殺　　④ 嚴密

17) 喪失 :　　① 獲得　　② 收穫　　③ 確固　　④ 故障

18) 客觀 :　　① 主觀　　② 觀光　　③ 相關　　④ 相觀

19) 平面 :　　① 設立　　② 立體　　③ 體面　　④ 面識

20) 光明 :　　① 黑暗　　② 暗室　　③ 暗躍　　④ 燈火

05 다음 한자의 음은 무엇인가?

1) 佳 :　　① 가　　② 주　　③ 왕　　④ 추

2) 卿 :　　① 향　　② 경　　③ 긍　　④ 항

3) 童 :　　① 중　　② 숭　　③ 동　　④ 공

4) 間 :　　① 문　　② 간　　③ 단　　④ 란

5) 寡 :　　① 과　　② 뇌　　③ 쇄　　④ 나

6) 決 :　　① 설　　② 걸　　③ 쾌　　④ 결

7) 懼 :　　① 귀　　② 고　　③ 가　　④ 구

8) 急 :　　① 습　　② 급　　③ 읍　　④ 참

9) 各 :　　① 갹　　② 각　　③ 명　　④ 삭

10) 欺 :　　① 사　　② 시　　③ 기　　④ 가

11)　耐：　　① 내　　② 애　　③ 개　　④ 새

12)　惱：　　① 번　　② 반　　③ 뇌　　④ 노

13)　糖：　　① 상　　② 앙　　③ 강　　④ 당

14)　篤：　　① 마　　② 독　　③ 도　　④ 막

15)　靈：　　① 경　　② 성　　③ 령　　④ 청

16)　律：　　① 진　　② 신　　③ 률　　④ 귤

17)　吏：　　① 사　　② 리　　③ 기　　④ 시

18)　猛：　　① 맹　　② 명　　③ 갱　　④ 경

19)　矢：　　① 실　　② 시　　③ 대　　④ 천

20)　豚：　　① 도　　② 돈　　③ 독　　④ 동

21)　皿：　　① 할　　② 망　　③ 혈　　④ 명

22)　霧：　　① 무　　② 구　　③ 수　　④ 주

23)　頻：　　① 번　　② 빈　　③ 신　　④ 인

24)　恕：　　① 노　　② 애　　③ 서　　④ 사

25)　禪：　　① 찬　　② 탄　　③ 산　　④ 선

26)　申：　　① 갑　　② 신　　③ 주　　④ 구

27)　臣：　　① 거　　② 가　　③ 신　　④ 선

28) 入 :　　① 인　　② 입　　③ 팔　　④ 벌

29) 讓 :　　① 양　　② 앙　　③ 상　　④ 장

30) 薄 :　　① 삭　　② 막　　③ 박　　④ 락

31) 營 :　　① 형　　② 영　　③ 경　　④ 병

32) 探 :　　① 심　　② 침　　③ 짐　　④ 탐

33) 燃 :　　① 변　　② 견　　③ 련　　④ 연

34) 緩 :　　① 완　　② 환　　③ 급　　④ 습

35) 統 :　　① 총　　② 통　　③ 종　　④ 송

36) 域 :　　① 혹　　② 성　　③ 역　　④ 탁

37) 壇 :　　① 단　　② 찬　　③ 란　　④ 산

38) 怨 :　　① 서　　② 애　　③ 원　　④ 노

39) 淫 :　　① 음　　② 임　　③ 암　　④ 엄

40) 栽 :　　① 채　　② 체　　③ 재　　④ 제

41) 著 :　　① 착　　② 저　　③ 자　　④ 척

42) 漸 :　　① 참　　② 첨　　③ 잠　　④ 점

43) 際 :　　① 체　　② 자　　③ 차　　④ 제

44) 冶 :　　① 치　　② 사　　③ 야　　④ 마

45) 畫 :　　① 서　　② 사　　③ 주　　④ 화

46) 枝 :　　① 기　　② 지　　③ 시　　④ 치

47) 爪 :　　① 과　　② 조　　③ 발　　④ 벌

48) 鷄 :　　① 개　　② 새　　③ 계　　④ 례

49) 烏 :　　① 조　　② 오　　③ 소　　④ 도

50) 斥 :　　① 근　　② 척　　③ 신　　④ 산

51) 促 :　　① 착　　② 촉　　③ 칙　　④ 척

52) 徙 :　　① 도　　② 시　　③ 사　　④ 두

53) 騰 :　　① 승　　② 등　　③ 탕　　④ 당

54) 刑 :　　① 간　　② 신　　③ 형　　④ 명

55) 幸 :　　① 신　　② 행　　③ 당　　④ 형

06 다음의 음을 가진 한자는?

1)　간 :　　① 葛　　② 家　　③ 姦　　④ 角

2)　정 :　　① 轉　　② 整　　③ 赤　　④ 節

3)　상 :　　① 削　　② 爽　　③ 殺　　④ 謝

4)　쾌 :　　① 掛　　② 過　　③ 快　　④ 刮

5) 질 : ① 脂 ② 塵 ③ 織 ④ 疾

6) 속 : ① 率 ② 速 ③ 燒 ④ 釣

7) 발 : ① 發 ② 幇 ③ 盤 ④ 薄

8) 길 : ① 吉 ② 渴 ③ 謁 ④ 擦

9) 손 : ① 誦 ② 損 ③ 送 ④ 悚

10) 착 : ① 酌 ② 雀 ③ 爵 ④ 錯

11) 삼 : ① 憨 ② 暫 ③ 蔘 ④ 癌

12) 방 : ① 潑 ② 返 ③ 邦 ④ 壯

13) 존 : ① 照 ② 稿 ③ 村 ④ 尊

14) 람 : ① 藍 ② 羅 ③ 浪 ④ 狼

15) 산 : ① 砂 ② 詞 ③ 酸 ④ 姿

16) 주 : ① 書 ② 畫 ③ 畵 ④ 劃

17) 낭 : ① 囊 ② 翔 ③ 廊 ④ 腔

18) 찬 : ① 殘 ② 盞 ③ 散 ④ 讚

19) 독 : ① 渡 ② 童 ③ 督 ④ 突

20) 리 : ① 紀 ② 梨 ③ 至 ④ 眞

07 제시된 한자와 같은 음을 가진 한자는?

1) 盛 :　　① 察　　② 防　　③ 省　　④ 識

2) 助 :　　① 族　　② 祖　　③ 足　　④ 底

3) 博 :　　① 髮　　② 播　　③ 紫　　④ 朴

4) 般 :　　① 禽　　② 反　　③ 空　　④ 待

5) 隨 :　　① 事　　② 嗜　　③ 秀　　④ 祈

6) 畜 :　　① 蹴　　② 綠　　③ 獸　　④ 圖

7) 屈 :　　① 掘　　② 端　　③ 團　　④ 答

8) 葬 :　　① 臺　　② 動　　③ 障　　④ 査

9) 蓮 :　　① 斷　　② 聯　　③ 展　　④ 房

10) 肥 :　　① 告　　② 寶　　③ 非　　④ 庫

11) 蘭 :　　① 佛　　② 卵　　③ 賞　　④ 飛

12) 樓 :　　① 負　　② 死　　③ 漏　　④ 恩

13) 補 :　　① 街　　② 詳　　③ 述　　④ 報

14) 拜 :　　① 背　　② 壽　　③ 拾　　④ 受

15) 迅 :　　① 修　　② 神　　③ 遂　　④ 實

16) 學 :　　① 鶴　　② 割　　③ 厭　　④ 愁

17) 豚 :　　① 元　　② 敦　　③ 伸　　④ 引

18) 零 :　　① 願　　② 官　　③ 令　　④ 壯

19) 靜 :　　① 電　　② 晶　　③ 園　　④ 停

20) 編 :　　① 片　　② 演　　③ 筵　　④ 線

08 다음의 뜻을 가진 한자는?

1) 성스럽다 :　　① 賤　　② 怒　　③ 聖　　④ 吉

2) 바쁘다 :　　① 忘　　② 妄　　③ 忙　　④ 茫

3) 갖추다 :　　① 管　　② 備　　③ 推　　④ 抽

4) 밝다 :　　① 鳴　　② 溟　　③ 明　　④ 冥

5) 무성하다 :　　① 散　　② 急　　③ 嫉　　④ 茂

6) 총명하다 :　　① 聰　　② 鈍　　③ 芳　　④ 藏

7) 아름답다 :　　① 醜　　② 色　　③ 美　　④ 空

8) 곱다 :　　① 悲　　② 秘　　③ 聘　　④ 麗

9) 흐리다 :　　① 濁　　② 雲　　③ 嵐　　④ 淸

10) 편하다 :　　① 頻　　② 便　　③ 繁　　④ 煩

11) 놓다 :　　① 放　　② 打　　③ 搬　　④ 移

12) 덥다 :　　① 冷　　② 寧　　③ 暑　　④ 康

13) 개다 :　　① 淸　　② 晴　　③ 靑　　④ 請

14) 가라앉다 :　① 深　　② 斟　　③ 沈　　④ 滲

15) 떠오르다 :　① 逢　　② 浮　　③ 殉　　④ 監

16) 어둡다 :　　① 昏　　② 靜　　③ 徵　　④ 混

17) 목마르다 :　① 濯　　② 特　　③ 渴　　④ 繁

18) 불다 :　　① 招　　② 吹　　③ 照　　④ 造

19) 찾다 :　　① 塞　　② 失　　③ 索　　④ 假

20) 넘치다 :　　① 省　　② 速　　③ 雅　　④ 濫

09 다음 한자의 뜻이 무엇인지 써보시오.

鬼	歸	勤	忌	棄	祈	屈
귀신						
巧	橋	國	寬	誇	孤	敬
怒	農	念	斷	淡	桃	毒

鈍	落	卵	覽	慮	練	嶺
龍	漏	裏	臨	萬	忙	埋
盲	鳴	睦	舞	滅	面	聞
迷	薄	叛	輩	杯	犯	番
變	補	服	奉	復	附	負
粉	崩	賓	貧	邪	詐	削
産	算	狀	傷	商	索	暑
惜	聖	聲	勢	笑	屬	損
愁	樹	熟	瞬	純	崇	試
食	尋	甚	信	雅	樂	顔
暗	愛	哀	野	陽	業	憐
鹽	悅	燕	宴	影	榮	迎

誤	悟	獄	臥	辱	憂	愚
雲	園	願	僞	誘	柔	潤
隱	恩	議	益	隣	慈	暫
掌	賊	錢	傳	折	淨	第
照	弔	族	酒	遵	證	症
志	珍	眞	懲	差	慚	窓
探	處	妻	淺	遷	賤	聽
淸	請	體	觸	最	追	醜
祝	抽	逐	臭	醉	衝	測
治	稚	親	針	侵	快	濁
奪	貪	怠	殆	擇	特	派
遍	飽	暴	捕	抱	漂	豊

被	避	賀	學	寒	恨	割
解	享	許	獻	險	顯	刑
護	惑	洪	禍	患	悔	獲
輝	凶	興	希	熙	毁	後

Ⅴ. 사자성어 연습

01 다음 사자성어(四字成語)의 □에 알맞은 한자를 써넣고, 예처럼 해당 사자성어의 쓰기연습을 하시오.

1) 一以□之(일이관지) : 하나로써 그것을 꿰뚫었다는 뜻. 하나의 이치로써 모든 것을 일관 (一貫)하여 처음부터 끝까지 변하지 않고 밀고 나감.

예

一	以	貫	之								

2) 一□一悲(일희일비) : 한편으로는 기쁘고 또 한편으로는 슬픔. 기쁜 일과 슬픈 일이 번갈 아 일어남.

3) 一場春□(일장춘몽) : 한바탕 꿈처럼 헛된 영화(榮華)나 덧없는 일. 인생의 허무함을 비유함.

4) 一□兩得(일거양득) : 한 번 들어 둘을 얻는다는 뜻. 한 가지 일을 하여 두 가지 이득을 얻음.

5) 一□千里(일사천리) : 한 번 쏟아진 물이 천리를 흐른다. 즉 일이 막힘 없이 잘 진행됨을 비유하는 말.

6) 一片□心(일편단심) : 한 조각의 붉은 마음이란 뜻. 어떤 대상을 향한 한결같은 참된 정성이나 충성을 말함.

7) 一筆□之(일필휘지) : 글씨나 그림을 단숨에 줄기차게 써 내려감.

8) 一網□盡(일망타진) : 한 그물로 물고기를 모조리 잡는다는 뜻. 한꺼번에 모조리 잡다.

9) 一□百戒(일벌백계) : 한 사람을 벌주어 백 사람을 경계한다는 뜻. 경각심을 불러일으키
기 위해 본보기로 한 사람에게 중한 처벌을 내리다.

10) 一觸卽□(일촉즉발) : 한 번 닿기만 해도 폭발한다는 뜻. 조금만 건드려도 곧 폭발할 것
같은 몹시 위험한 상태.

11) 一進一□(일진일퇴) : 한 번 나아갔다 한 번 물러섰다 함. 양 진영(陣營)의 공방(攻防)이
계속됨.

12) 一□一短(일장일단) : 하나의 장점과 하나의 단점이라는 뜻. 장점도 있고 단점도 있음.

13) 一魚□水(일어탁수) : 한 마리의 물고기가 물을 흐린다는 뜻. 한 사람의 잘못으로 여러
사람이 그 피해를 입게 됨을 비유함.

14) 三伏□天(삼복염천) : 초복, 중복, 말복의 삼복(三伏) 기간. 가장 무더운 여름 날씨.

15) 三寒四□(삼한사온) : 사흘 춥고 나흘 따뜻하다는 뜻. 겨울철에 한국과 중국, 만주 등지에서 주기적으로 3일 가량 추운 날씨가 계속되다가, 다음 4일 가량은 따뜻한 날씨가 이어지는 기후 현상.

16) 三□之敎(삼천지교) : 맹자(孟子)의 어머니가 아들의 교육을 위해 세 번 이사를 했다는 고사. 생활 환경이 교육에서 매우 중요한 구실을 하는 것을 이름.

17) 三□草廬(삼고초려) : 중국 삼국시대 촉한(蜀漢)의 유비(劉備)가 제갈공명(諸葛孔明)을 세 번이나 찾아가 군사(軍師)로 초빙한 데서 유래한 말. 인재를 얻기 위해 참을성 있는 노력을 기울임. 三顧茅廬(삼고모려)와 같은 말.

18) 不可□力(불가항력) : 인간의 힘으로는 도저히 저항해 볼 수 없음. 천재지변 등 사람의 힘으로는 어찌할 수 없는 자연의 위대함을 이르는 말.

19) 不問可□(불문가지) : 묻지 않아도 옳고 그름을 가히 알 수 있다.

20) 不□千里(불원천리) : 천 리 길도 멀다 하지 않는다는 뜻. 먼 길인데도 개의치 않고 열심히 달려감을 이르는 말.

21) 九牛一□(구우일모) : 아홉 마리 소에 한 가닥의 털. 즉 많은 것 가운데에서 극히 적은 것을 일컬음.

22) 九重□處(구중심처) : 아홉 번이나 겹쳐진 깊은 곳. 즉 궁궐 안 깊은 곳을 말함.

23) 事□以忠(사군이충) : 삼국 통일의 원동력이 된 화랑(花郞)의 세속오계(世俗五戒)의 하나. 임금을 섬김에 충성(忠誠)으로써 함.

24) □必歸正(사필귀정) : 처음에는 시비(是非)와 곡직(曲直)을 가리지 못한다 하더라도 모든
일이란 결국에는 반드시 정리(正理)로 돌아감을 일컫는 말.

25) 事親以□(사친이효) : 삼국 통일의 원동력이 된 화랑(花郎)의 세속오계(世俗五戒)의 하
나. 어버이를 섬김에 효도(孝道)로써 함.

26) 互角之□(호각지세) : 서로 뿔을 맞대고 있는 형세. 서로 조금도 낮고 못함이 없는 자세
를 비유하는 말.

27) 五里□中(오리무중) : 짙은 안개가 5리나 끼어 있는 곳에 있다는 뜻. 문제가 있으나 해결
방법을 몰라 이러지도 저러지도 못하는 상태를 비유하는 말.

28) 井底之□(정저지와) : 우물 안 개구리. 견문이 좁고 세상 형편을 모르는 사람을 비유함.

29) 交□以信(교우이신) : 벗을 사귐에 있어 신의(信義)로써 한다.

30) 人事不□(인사불성) : 정신을 잃고 의식(意識)을 모른다는 뜻. 의식을 잃어 제 몸에 벌어지는 일조차 모르게 된 상태.

31) 人死□名(인사유명) : 사람은 죽어서 이름을 남긴다는 뜻. 사람의 삶이 헛되지 않으면 그 이름이 길이 남음을 이르는 말.

32) 人面□心(인면수심) : 얼굴은 사람 모습을 하였으나 마음은 짐승과 같다는 뜻. 남의 은혜를 모르고 마음이나 행동이 몹시 흉악한 사람을 이르는 말.

33) 仁者無□(인자무적) : 어진 사람은 모든 사람을 사랑하므로 천하에 적대할 사람이 없음.

34) 他山之□(타산지석) : 다른 산의 돌이라는 뜻. 다른 산에서 난 거칠고 나쁜 돌도 숫돌로 쓰면 자기의 구슬을 가는데 소용이 된다. 남의 하찮은 언행도 나에게 도움이 될 수 있다.

35) 以心□心(이심전심) : 석가(釋迦)와 가섭(迦葉)이 마음과 마음으로 통한다는 뜻. 말을 하지 않아도 마음으로써 마음을 전하다.

36) 以熱□熱(이열치열) : 열로써 열을 다스린다는 뜻. 힘에는 힘으로 강함에는 강함으로 대응하는 것을 비유함.

37) 伯□之間(백중지간) : 백은 맏이, 중은 둘째로, 실력이 서로 비슷하여 낮고 못함이 없는 사이를 뜻함. 난형난제(難兄難弟)와 같음.

38) 作□三日(작심삼일) : 마음 먹은 지 삼일이 못 간다는 뜻. 한 번 결심한 마음이 사흘을 넘기지 못한다.

39) 佳人□命(가인박명) : 용모가 아름다운 여자는 대개 불행하거나 명이 박하다는 뜻.

40) 信□必罰(신상필벌) : 공로가 있는 사람에게는 반드시 상을 주고, 죄가 있는 사람에게는 반드시 벌을 준다는 뜻으로, 상벌(賞罰)을 공정하고 엄중(嚴重)하게 하는 일.

41) 傍若□人(방약무인) : 옆에 사람이 아무도 없는 것처럼 거리낌 없이 마음대로 행동함.

42) □國之色(경국지색) : 나라를 기울게 할만큼 뛰어난 절세미인을 이르는 말.

43) 先公□私(선공후사) : 사(私)보다 공(公)을 먼저 앞세움. 공적인 일을 먼저 하고 사사로운 일은 나중에 함을 이르는 말.

44) 兎死□烹(토사구팽) : 사냥하러 가서 토끼를 잡으면, 사냥하던 개는 쓸모가 없게 되어 삶 아 먹는다는 뜻. 일시적으로 사람을 이용하고는 목적이 이루어지 면 버리는 것을 비유한 말.

45) 內憂外□(내우외환) : 안에서 일어나는 근심과 밖으로부터 받는 걱정이란 뜻으로, 나라 안팎의 여러 가지 어려운 사태를 이르는 말.

46) 公平□私(공평무사) : 공평하여 사사로움이 없음.

47) □磋琢磨(절차탁마) : 옥돌을 자르고(切), 줄로 쓸고(磋), 끌로 쪼고(琢), 갈아(磨) 빛을 내 다라는 뜻. 학문이나 덕행을 열심히 닦는다.

48) 切齒□心(절치부심) : 이를 갈면서 마음을 썩인다는 뜻. 매우 분하여 한을 품음을 이르는 말.

49) 初志不□(초지불변) : 처음에 세운 뜻을 끝까지 밀고 나감.

50) 刮目相□(괄목상대) : 눈을 비비고 상대를 자세히 봄. 남의 학문이나 덕행이 현저하게 진
　　　　　　　　　보한 것을 말함.

51) □舟求劍(각주구검) : 배에서 칼을 떨어뜨리고 그 떨어진 자리에 표시를 해두었다가
　　　　　　　　　배가 멈추면 칼을 찾음. 시세의 변화를 모르고 융통성이 없다는
　　　　　　　　　뜻.

52) 刻骨□忘(각골난망) : 타인으로부터 입은 은혜와 고마움을 뼛속 깊이 새겨 잊지 않음.

53) 勞心焦□(노심초사) : 마음을 수고롭게 하고 생각을 깊게 함. 애를 써서 속을 태움.

54) 勸善□惡(권선징악) : 선행을 권장하고 악행을 징계한다.

55) 十□一飯(십시일반) : 열 사람이 한 숟가락씩 보태어 한 그릇의 밥이 되다. 즉 여러 사람이 조금씩 힘을 합하면 한 사람을 돕기 쉽다는 뜻.

56) 千□一得(천려일득) : 천 번을 생각하면 한 번 얻는 것이 있다는 뜻. 아무리 우둔한 사람일지라도 많이 생각하면 좋은 생각을 얻을 수 있음.

57) 千篇一□(천편일률) : 여러 시문(詩文)의 격조가 변화 없이 비슷비슷하다는 뜻. 여러 사물이 거의 비슷비슷하여 특색이 없음을 비유한 말.

58) 千□一遇(천재일우) : 천년에 한 번 만난다는 뜻. 좀처럼 만나기 어려운 좋은 기회를 비유한 말.

59) 卓上□論(탁상공론) : 탁자 위에서만 펼치는 헛된 논설이란 뜻. 실현성이 없는 허황된 이론을 일컬음.

60) 厚顔無□(후안무치) : 얼굴이 두껍고 뻔뻔스러워 부끄러움이 없다는 뜻.

61) 去頭截□(거두절미) : 머리와 꼬리를 잘라 버리고 요점만 말한다.

62) 反□嫉視(반목질시) : 서로 사이가 좋지 않아 미워하고 질투한다.

63) 取□選擇(취사선택) : 취할 것은 취하고 버릴 것은 버린다.

64) 口尙□臭(구상유취) : 입에서 아직 젖 냄새가 난다. 나이가 어리고 경험이 없어 말과 행동이 유치함을 비유한 말.

65) 口蜜腹□(구밀복검) : 입술에는 꿀을 바르고 배에는 칼을 품고 있다. 겉으로는 친절하게 대하는 척 하면서 속으로는 딴 생각을 품고 있는 경우를 비유한 말.

66) □往左往(우왕좌왕) : 오른쪽으로 갔다 왼쪽으로 갔다 하며 종잡지 못함. 올바른 방향을 잡거나 차분한 행동을 취하지 못하고 이리저리 왔다갔다하는 모양을 나타내는 말.

67) 各人各□(각인각색) : 말이나 행동, 모양새, 몸가짐 등이 각 사람마다 모두 다름.

68) 同價□裳(동가홍상) : '기왕이면 다홍치마'라는 뜻으로, 값이 같거나 똑같은 노력을 들이는 조건이라면 더 좋은 것을 가짐을 비유적으로 이르는 말.

69) 同床異□(동상이몽) : 같은 침상에서 서로 다른 꿈을 꾼다는 뜻. 같은 처지에 있는 듯 하면서도 서로의 생각이나 입장이 다름을 비유하는 말.

70) 同病相□(동병상련) : 같은 병을 앓는 사람끼리 서로 가엾게 여긴다는 뜻. 어려운 처지에 있는 사람끼리 서로 불쌍히 여기고 도와줌.

71) 同□同樂(동고동락) : 괴로울 때나 즐거울 때나 항상 함께 함.

72) 同□修學(동문수학) : 한 스승 밑에서 같이 학문을 닦고 배움.

73) 名□相符(명실상부) : 이름과 실상이 서로 부합되는 것. 알려진 것과 실제 상황이 차이가 없음.

74) 君子三□(군자삼락) : 맹자(孟子)가 말한 군자의 세 가지 즐거움. 부모가 생존해 계시고 형제가 무고(無故)한 것, 하늘과 다른 사람에게 부끄러움이 없는 것, 천하의 인재를 모아 교육하는 것.

75) □中之錐(낭중지추) : 주머니 속의 송곳. 송곳은 주머니에 넣어도 뾰족한 것이 튀어나온
   다는 말로, 재능이 빼어난 사람은 숨어 있어도 저절로 남의 눈에
   드러남을 비유한 말.

76) 四□楚歌(사면초가) : 사면(四面)에서 들리는 초(楚)나라의 노래라는 뜻. 전후좌우로 적
   에게 둘러싸여 곤경에 빠지다. 초(楚)나라 항우(項羽)가 해하(垓下)
   에서 유방(劉邦)의 한군(漢軍)에게 포위되었을 때, 사방의 한군이
   초의 노래를 부르자 초나라 군사가 고향생각으로 한나라에 항복
   하는 자가 많았음.

77) 因果□報(인과응보) : 원인과 결과는 서로 물고 물린다는 뜻. 좋은 일에는 좋은 결과가
   따르고 나쁜 일에는 나쁜 결과가 온다.

78) 堂□風月(당구풍월) : 서당(書堂) 개 삼년이면 풍월을 읊는다는 뜻으로, 무식한 사람이라
   도 유식한 사람과 같이 있으면 견문이 넓어진다는 뜻. 또는 무슨
   일 하는 것을 오래 보고 들으면 자연히 할 줄 알게 된다는 뜻.

79) 塞□之馬(새옹지마) : 변방 늙은이의 말(馬). 재앙이 복이 되고 복이 다시 재앙이 되다. 즉 인생을 살아가면서 길흉화복의 변화가 잦은 것을 비유한 말. 인생의 행복, 불행은 서로 인과관계가 있어 예측하거나 속단할 수 없다. 전화위복(轉禍爲福)과 유사함.

80) 外柔內□(외유내강) : 겉으로 보기에는 부드럽고 순하게 보이나 속은 꿋꿋하고 강함.

81) 多□多難(다사다난) : 여러 가지 일도 많고 어려움이나 탈도 많다.

82) 多多□善(다다익선) : 많으면 많을수록 더욱 좋다는 뜻.

83) 大器□成(대기만성) : 크게 될 사람은 오랜 공적을 쌓아 늦게 이루어짐. 만년(晚年)이 되어 성공함.

84) 大□失色(대경실색) : 몹시 놀라 안색이 하얗게 변함.

85) 天□之差(천양지차) : 하늘과 땅 사이와 같은 엄청난 차이.

86) 天方地□(천방지축) : 하늘 방향이 어디이고 땅의 축이 어디인지 모른다는 뜻. 매우 급해서 허둥거리는 모습이나 어리석은 사람이 갈 바를 몰라 두리번거리는 모습을 말함.

87) 天□爛漫(천진난만) : 천진함이 넘친다는 뜻. 조금도 꾸밈없이 하늘에서 내려 준 그대로의 순결함.

88) 天高馬□(천고마비) : 하늘이 높아지고 말이 살찌는 계절인 가을을 가리킴. 원래 고대 중국에서 흉노족의 침입을 두려워하여 나온 말임.

89) □想天外(기상천외) : 보통 사람은 쉽게 상상할 수 없을 정도로 생각이 엉뚱하고 기발함.

90) 好事多□(호사다마) : 좋은 일에는 나쁜 일이 많이 뒤따른다.

91) □履薄氷(여리박빙) : 얇은 얼음을 밟듯 몹시 위험함을 가리키는 말.

92) 始□一貫(시종일관) : 처음부터 끝까지 한결같이 관철(貫徹)함.

93) 姑息之□(고식지계) : 잠시 휴식을 취하기 위한 계책. 당장에 편한 것만을 택하는 계책으로 임시방편(臨時方便)을 이르는 말.

94) 孤掌難□(고장난명) : 손바닥 하나로는 소리가 나지 않는다. 혼자 힘으로는 일하기 어려움을 일컬음.

95) □立無援(고립무원) : 남과 사귀지 않거나 남의 도움을 받을 데가 전혀 없이 고립됨.

96) 守株□兎(수주대토) : 그루터기에 앉아 토끼를 기다린다. 힘 들이지 않고 요행을 바라거나 한 가지 일에만 얽매여 발전을 모르는 어리석음을 비유적으로 이르는 말.

97) 安居□思(안거위사) : 편안할 때에 어려움이 닥칠 것을 미리 대비해야 함을 이르는 말.

98) 安□樂道(안빈낙도) : 가난한 생활을 하면서도 그것에 구속되지 않고 편안한 마음으로 도(道)를 즐기며 살아감.

99) 富□强兵(부국강병) : 부유한 나라와 강한 군사라는 뜻. 나라를 부유하게 하고, 군대를 강하게 함.

100) 寤寐不□(오매불망) : 자나깨나 잊지 못함.

101) 實事求□(실사구시) : 사실에 의거하여 진리를 탐구한다는 뜻. 공론(空論)만 일삼는 양 명학(陽明學)에 대한 반동(反動)으로서 청조(淸朝)의 고증학파(考 證學派)가 내세운 표어(標語).

102) □鐵殺人(촌철살인) : 한 치밖에 안 되는 칼로 사람을 죽인다는 뜻. 짧은 경구(警句)나 단어로 사람을 감동시킴을 비유한 말.

103) 小□大失(소탐대실) : 작은 것을 탐하다가 큰 것을 잃음. 사소한 일에 집착하다가 큰일 을 그르치는 경우에 쓰는 말.

104) 山□水盡(산궁수진) : 깊은 산중에 들어가 산은 앞을 가로막고, 물길은 끊어져 더 나아
　　　　　　　　갈 길이 없음. 어려움이 극도에 다달아 아무런 방법이 없음을 이
　　　　　　　　르는 말.

105) □言令色(교언영색) : 교묘하게 꾸민 말과 아첨하기 위해 아름답게 꾸민 얼굴빛으로 남
　　　　　　　　의 환심을 삼.

106) □肉强食(약육강식) : 약한 것이 강한 것에 먹힘. 생존경쟁(生存競爭)의 살벌함을 표현.

107) □言逆耳(충언역이) : 충성스럽고 바른 말은 귀에 거슬린다는 뜻. 바르게 타이르는 말
　　　　　　　　일수록 듣기 싫어함을 이름.

108) 快刀□麻(쾌도난마) : 헝클어진 삼을 잘 드는 칼로 자른다는 뜻. 복잡하게 얽힌 사물이나
　　　　　　　　비꼬인 문제들을 솜씨 있고 바르게 처리함을 비유해 이르는 말.

109) 恒□飯事(항다반사) : 일상에서 늘 있는 대수롭지 않고 흔한 일.

110) 悠悠自□(유유자적) : 속세를 떠나 무엇에 얽매이지 않고 걱정 없이 자유로우며 편안하게 삶.

111) □氣揚揚(의기양양) : 의기가 드높아 매우 자랑스럽게 행동하는 모양. 흥이 나서 기세가 당당함.

112) 愚公□山(우공이산) : 우공(愚公)이 산을 옮긴다는 뜻. 우공이 길을 내기 위해 자기 집 앞의 산을 옮겼다는 말로 남이 보기에는 어리석은 일처럼 보이지만 끝까지 노력하면 결국 목적을 달성할 수 있음을 이르는 말.

113) 愛人如□(애인여기) : 남을 자기 몸처럼 사랑함.

114) 我田□水(아전인수) : 자기 논에 물 끌어대기. 자신에게만 이롭게 행동함.

115) □不釋卷(수불석권) : 손에서 책을 놓지 않는다는 뜻으로, 늘 책이나 글을 읽음을 이르는 말.

116) 拍□大笑(박장대소) : 손바닥을 치면서 크게 웃음.

117) 拔本□源(발본색원) : 폐해의 근본 원인이 되는 요소를 뽑아 완전히 없애버림.

118) 捨生取□(사생취의) : 목숨을 버리고 의리(義理)를 취한다. 비록 목숨을 버릴지언정 옳은 일을 함을 일컫는 말.

119) □土重來(권토중래) : 말을 타고 흙먼지를 일으키면서 다시 달려온다. 즉 패한 자가 세
력을 회복하여 다시 쳐들어 옴.

120) 換□奪胎(환골탈태) : 환골(換骨)은 옛사람의 시문(詩文)을 본따서 어구를 만드는 것, 탈
태(奪胎)는 고시(古詩)의 뜻을 본따서 원시(原詩)와 다소 뜻을 다
르게 짓는 것을 말함. 근자에는 뜻이 약간 변하여 심기일전(心機
一轉)함을 뜻하는 것으로 쓰이기도 함.

121) □案齊眉(거안제미) : 밥상을 들어 눈썹의 높이에 맞춘다. 아내가 남편을 극진히 공경하
는 것을 비유하는 말.

122) 改過□善(개과천선) : 지나간 허물을 고쳐 새로이 착하게 됨.

123) 敎學相□(교학상장) : 가르침과 배움이 서로 늘게 됨. 즉 남을 가르치거나 배우는 것이
모두 나 자신의 학문을 증진시킴.

124) □家亡身(패가망신) : 가산(家産)을 탕진하고 몸을 망침.

125) 敬天□人(경천애인) : 하늘을 공경하고 인간을 사랑함.

126) 文□四友(문방사우) : 서재(書齋)에 꼭 있어야 할 네 벗. 종이, 붓, 벼루, 먹.

127) □金之交(단금지교) : 우정의 견고함이 쇠를 자를 정도이다. 즉 사귀는 정이 매우 깊음을 비유하는 말.

128) 日就月□(일취월장) : 날마다 달마다 성장하고 발전한다는 뜻. 사업이나 학업이 날이 갈수록 눈부시게 발전함을 이름.

129) 明若□火(명약관화) : 불을 보는 것과 같이 밝고 분명하게 보임.

130) □時之歎(만시지탄) : 때늦은 한탄(恨歎)이라는 뜻. 시기가 늦어 기회를 놓친 것이 원통
하여 탄식함을 이르는 말.

131) 暗中□索(암중모색) : 어둠 속에서 손을 더듬어 찾는다. 어림짐작으로 막연히 사물을 찾
으려고 하는 것을 비유하는 말.

132) 曲□阿世(곡학아세) : 학문을 왜곡시켜 세상에 아부한다. 정도를 벗어난 학문으로 세상
사람에게 아첨함을 이르는 말.

133) 會者定□(회자정리) : 만나면 언젠가는 헤어지게 되어 있다는 뜻.

134) 有備無□(유비무환) : 미리 준비를 해 두면 나중에 걱정할 일이 없다.

135) 有耶□耶(유야무야) : 있는지 없는지 모를 정도로 희미한 모양.

136) □三暮四(조삼모사) : 송(宋)나라 사람과 원숭이의 고사에서 유래. 아침에 세 개, 저녁에
네 개라는 뜻. 간사한 속임수로 어리석은 이를 농락함을 이름.

137) 朝變□改(조변석개) : 아침, 저녁으로 고쳐 이랬다 저랬다 함. 계획이나 결정 따위를 자
주 바꾸는 것을 이름.

138) 束手無□(속수무책) : 손을 묶여 어찌할 방책이 없이 꼼짝 못하게 되는 것. 빤히 보면서
어찌할 바를 모르고 꼼짝 못한다는 뜻.

139) 東□西答(동문서답) : 물음과는 상관없는 전혀 엉뚱한 대답을 함.

140) 東□西走(동분서주) : 동쪽으로 뛰고 서쪽으로 뛴다는 뜻. 사방(四方)으로 이리저리 바쁘 돌아다님.

141) 桑田□海(상전벽해) : 뽕밭이 푸른 바다가 된다. 세상의 변천이 심함을 가리킴.

142) 棟□之材(동량지재) : 마룻대와 들보로 쓸 만한 재목. 국가와 민족의 중임을 맡을 만한 훌륭한 인재를 뜻함.

143) □不十年(권불십년) : 아무리 높은 권세라도 10년을 가지 못한다는 말. 권력의 허망(虛妄)하고 덧없음을 일컬음.

144) 權□術數(권모술수) : 목적의 달성을 위하여 인정이나 도덕을 가리지 않고 온갖 수단과
방법을 동원하여 짜낸 술책.

145) 武陵□源(무릉도원) : 중국 무릉의 어부가 발견하였다는 전설적인 가공의 땅. 이 세상을
떠난 별천지, 이상향을 이르는 말.

146) 死生□斷(사생결단) : 죽고 사는 것을 가리지 않고 끝장을 내려고 덤벼듦.

147) 殺□有擇(살생유택) : 산 것을 죽일 때는 가려서 죽인다는 뜻. 신라(新羅) 화랑(花郎)의
세속오계(世俗五戒) 중 하나.

148) 殺身□仁(살신성인) : 자신의 몸을 바쳐서 인을 이룬다. 자기의 몸을 희생하여 옳은 도
리를 행함.

149) 氣高□丈(기고만장) : 기세의 높이가 만 길이다. 우쭐하여 뽐내는 기세가 대단하거나, 화
가 나서 펄펄 뛰는 모양을 뜻함.

150) 水□之交(수어지교) : 물과 물고기의 사귐. 즉 교분이 매우 깊음.

151) □然之氣(호연지기) : 하늘과 땅 사이에 가득 찬 넓고 큰 정기(精氣). 공명정대하고 막힘
이 없는 기상(氣像).

152) 深山□谷(심산유곡) : 깊숙하고 고요한 산과 골짜기.

153) 深思□考(심사숙고) : 깊이 잘 생각하고 고찰함. 신중을 기하여 곰곰이 생각함.

154) □風明月(청풍명월) : 맑은 바람과 밝은 달. 결백(潔白)하고 온건(穩健)한 성격을 평하여
이르는 말, 또는 풍자(諷刺)와 해학(諧謔)으로 세상사(世上事)를
논(論)함을 비유하는 말.

155) 溫□知新(온고지신) : 옛것을 익히고 그것을 미루어 새것을 안다. 옛 학문을 되풀이하여
연구하고, 현실에 맞는 새로운 학문을 다시 이해하여야 남을 가르
치는 스승의 자리에 오를 수 있음을 표현함.

156) □父之利(어부지리) : '어부의 이득'이라는 뜻으로, 민물조개와 도요새가 싸우는 사이
어부가 두 마리를 다 잡았다는 말. 쌍방이 다투는 사이에 제3자
가 이익을 얻는다는 말로 蚌鷸之爭(방휼지쟁)과 같은 의미.

157) 漸入□境(점입가경) : 가면 갈수록 경치(景致)가 더해진다는 뜻. 일이 점차 더 재미있는
상황으로 접어듦을 비유함. 주로 비아냥거릴 때 씀.

158) □合之衆(오합지중) : 까마귀 떼와 같이 갑자기 훈련도 조직도 없이 모여든 무리. 오합
지졸(烏合之卒)과 같은 말.

159) 烏飛□落(오비이락) : 까마귀 날자 배 떨어진다는 뜻으로, 어떤 일이 마침 아무 관계없
는 다른 일과 때가 일치해 관계가 있는 것처럼 의심을 받게 됨을
비유적으로 이르는 말.

160) 焚□坑儒(분서갱유) : 책을 불태우고 유학자들을 생매장(生埋葬)하여 죽인다는 뜻. 진
(秦)나라의 시황제(始皇帝)가 학자들의 정치 비평을 금하기 위하
여 경서(經書)를 불태우고 학자들을 구덩이에 생매장하여 베푼 가
혹(苛酷)한 정치를 일컫는 말.

161) 無爲□食(무위도식) : 하는 일 없이 먹고 놀기만 함. 게을러 능력이 없는 사람.

162) □下不明(등하불명) : 등잔 밑이 어둡다는 뜻. 가까이에서 일어난 일을 오히려 잘 모른
다는 뜻을 비유한 말.

163) 燈火可□(등화가친) : 등불을 가까이 할 수 있음. 가을 밤은 선선하므로 등불을 밝히고 독서에 힘 쓸 만함을 뜻함.

164) 父子有□(부자유친) : 아버지와 아들 간의 관계와 도리는 친애(親愛)함에 있음.

165) 牛耳□經(우이독경) : 쇠귀에 경 읽기. 우둔한 사람은 아무리 가르쳐도 알아듣지 못함을 비유한 말.

166) 牽強□會(견강부회) : 이치에 맞지 않는 말을 억지로 끌어다 붙여 자기 주장의 조건에 맞도록 함.

167) 犬馬之□(견마지로) : 개나 말의 수고로움. 즉 자신의 노력을 낮추어 일컫는 말.

168) □不將軍(독불장군) : 혼자서는 장군이 될 수 없다는 뜻. 무슨 일이든지 제 생각대로 혼자 처리하는 사람이나 따돌림을 받는 외로운 사람을 비유함.

169) 珍羞□饌(진수성찬) : 맛이 좋은 음식으로 잘 차린 것. 성대하게 차린 진귀한 음식.

170) 甘呑□吐(감탄고토) : 달면 삼키고 쓰면 뱉는다. 신의를 저버리고 이익만을 도모한다는 뜻.

171) 甘□利說(감언이설) : 남의 비위에 맞도록 꾸민 달콤한 말과 이로운 조건을 내세워 꾀는 말.

172) 生不□死(생불여사) : 몹시 어려운 형편에 빠져 사는 것이 차라리 죽음만 같지 못함을 이르는 말.

173) 甲□乙女(갑남을녀) : 보통의 평범한 사람들을 일컬음.

174) 異口同□(이구동성) : 입은 다르지만 나오는 소리는 같다는 뜻으로, 여러 사람의 말이
한결같음을 이르는 말.

175) 畵□添足(화사첨족) : 뱀을 다 그리고 나서 있지도 아니한 발을 덧붙여 그려 넣는다는
뜻. 쓸데없는 군짓을 하여 도리어 잘못되게 함을 이르는 말.

176) 畵□點睛(화룡점정) : 양나라의 승요가 벽에 그린 용에 눈동자를 그렸더니 하늘로 올라
갔다는 고사. 가장 긴요한 부분을 마치어 완성시키다라는 뜻.

177) 百家□鳴(백가쟁명) : 여러 사람이 서로 자기 주장을 내세우는 일. 많은 학자들의 활발
한 논쟁을 일컬음.

178) 百折不□(백절불굴) : 수없이 꺾여도 굽히지 않음. 어떤 어려움에도 굽히지 않음.

179) 百□百中(백발백중) : 총포나 활 따위를 겨누어서 쏠 때 백 발을 쏘면 백 발이 모두 과녁에 맞는다. 예상했던 일이 모두 순조로워 틀리지 않고 꼭 들어 맞음.

180) 百□無策(백계무책) : 어떤 어려운 일을 당해 온갖 꾀를 써 보아도 풀 만한 계교(計巧)나 대책이 없음.

181) 目不□見(목불인견) : 차마 눈을 뜨고는 볼 수 없을 정도로 꼴불견이거나 참혹한 상황.

182) 目不識□(목불식정) : 농기구인 고무래(丁)를 보고도 '丁'자를 모른다는 말로, 낫 놓고 기역자도 모른다는 뜻. 글자를 전혀 모름.

183) □下無人(안하무인) : 눈 아래 사람이 없다는 뜻. 다른 사람을 업신여기며 교만함.

184) 知□知己(지피지기) : 적을 알고 자기를 알아야 한다는 뜻으로, 자기와 상대의 형편을
자세히 알아야 한다는 의미.

185) 破竹之□(파죽지세) : 대나무를 쪼개는 기세라는 뜻. 대나무가 단번에 쪼개지는 것 같은
왕성한 기운. 세력이 워낙 빠르게 확산되어 누구도 막을 수 없는
경우를 비유적으로 이르는 말.

186) 神□鬼沒(신출귀몰) : 귀신처럼 자유자재로 나타났다가 감쪽같이 사라짐. 날쌔게 나타
났다 숨었다 하는 모양.

187) 種豆□豆(종두득두) : 콩을 심어 콩을 얻는다는 뜻. 원인에 따라 결과가 그대로 생긴다
는 말.

188) 窮□之策(궁여지책) : 매우 궁한 나머지 내는 꾀. 막다른 골목에서 그 국면을 타개하고
자 생각해낸 꾀.

189) 竹□故友(죽마고우) : 대나무 말을 타고 놀던 옛 친구. 어릴 때부터 같이 놀던 친한 친구
를 이르는 말.

190) 粉骨□身(분골쇄신) : 뼈가 가루가 되고 몸이 부서진다는 뜻. 있는 힘을 다해 노력하거
나 남을 위해 희생적으로 수고를 아끼지 않음.

191) 糟糠之□(조강지처) : 가난한 때에 술 지게미(糟)와 쌀겨(糠)로 끼니를 함께 이어가며 고
생한 아내. 어려울 때에 고생을 함께 한 아내를 일컬음.

192) 結草報□(결초보은) : 풀을 묶어서 은혜를 갚음. 죽어서까지라도 은혜를 잊지 않고 갚는
다.

193) □木求魚(연목구어) : 나무에 인연(因緣)하여 물고기를 구(求)한다는 뜻. 목적이나 수단
이 일치하지 않는 불가능한 일을 꾀함.

194) 羊□狗肉(양두구육) : 양의 머리를 걸어놓고 개고기를 판다는 뜻으로, 겉으로는 훌륭한
체하나 실상은 그렇지 못한 것을 말한다. 또 겉과 속이 달라 겉은
괜찮아 보이지만 속은 변변치 못함을 이르는 말이다.

195) 美□良俗(미풍양속) : 아름답고 좋은 풍속(風俗).

196) 群雄□據(군웅할거) : 여러 영웅이 세력을 다투어 땅을 갈라 버티고 있다.

197) 群□一鶴(군계일학) : 무리 지어 있는 닭 가운데 한 마리의 학이라는 뜻. 변변치 못한
여러 평범한 사람 가운데 홀로 뛰어난 사람을 이름.

198) 聞一□十(문일지십) : 하나를 들으면 열을 미루어 안다. 총명함을 일컬음.

199) 背□之陣(배수지진) : 물을 등지고 진을 친다는 뜻. 물러설 곳이 없으니 목숨을 걸고 싸울 수밖에 없는 지경(地境)을 이르는 말. 물을 등지고 적과 싸울 진을 치는 진법(陣法).

200) □亡齒寒(순망치한) : 입술이 없으면 이가 시리다. 서로 의지하는 사이에 하나가 망하면 다른 하나도 온전하기 어렵다는 의미.

201) □大心小(담대심소) : 담은 크고 마음은 치밀하여 소홀하지 아니함. 담대하면서도 치밀한 주의력을 가져야 한다는 뜻.

202) □炙人口(회자인구) : 생선회(膾)와 구운 고기(炙)는 사람들이 좋아하고 찾아서 입에 자주 오르내리는 데서 나온 말. 맛있는 음식처럼 시문(詩文) 등이 사람들의 입에 많이 오르내리고 찬양을 받는 것.

203) 臥□嘗膽(와신상담) : 섶에 누워 쓸개를 맛본다는 뜻으로, 원수를 갚고자 온갖 고생을 참고 견딤을 이르는 말. 춘추(春秋)시대 오왕(吳王) 부차(夫差)가 월왕(越王) 구천(句踐)을 쳐서 부왕(父王)의 원수를 갚고자 섶 속에 누워 잠을 자는 고생을 하며 결국 부왕의 원수를 갚은 일, 또 월왕 구천이 오(吳)나라를 쳐서 회계(會稽)의 치욕을 씻고자 쓸개를 핥으며 보복을 잊지 않았다는 고사에서 나온 말. 복수심을 품고 언제나 그것을 생각하며 고난을 참고 견디어 심신을 단련함을 비유함.

204) □機應變(임기응변) : 때와 곳에 따라 그때그때 처한 뜻밖의 일을 알맞은 수단과 방법으로 재빨리 처리함을 이르는 말.

205) 自中之□(자중지란) : 같은 편 안에서 일어나는 싸움.

206) 自問自□(자문자답) : 자기가 스스로 묻고 스스로 대답함.

207) 自家□着(자가당착) : 자기의 언행에 모순이 많아서 앞뒤가 서로 일치하지 않음.

208) 自□不息(자강불식) : 스스로 힘을 쓰고 쉬지 아니함.

209) 自□自得(자업자득) : 자기가 저지른 일의 결과를 스스로가 돌려받음. 불교(佛敎) 용어.

210) 自畵自□(자화자찬) : 자기가 그려놓고 스스로 칭찬하다. 즉 제가 한 일이나 행동을 스스로 칭찬하여 자랑함.

211) 自□自足(자급자족) : 필요한 물건이나 자원 따위를 스스로의 생산으로 충당함.

212) 自繩自□(자승자박) : 자기의 줄로 자신을 묶는다. 자기가 자기를 망치게 한다는 뜻. 자기의 언행으로 인하여 자신이 꼼짝 못하게 되는 일.

213) 自暴自□(자포자기) : 자신을 해치고 스스로 버린다는 뜻. 자신의 몸가짐이나 행동을 마구 되는대로 함.

214) 興亡盛□(흥망성쇠) : 흥(興)하고 망(亡)함과 성(盛)하고 쇠(衰)함. 곧 어떤 사물 현상이 생겨나서 소멸하는 전 과정을 이르는 말.

215) 興□悲來(흥진비래) : 즐거운 일이 다하면 슬픈 일이 닥쳐온다는 뜻. 세상일은 좋고 나쁜 일이 돌고 돌아 순환됨을 이르는 말.

216) 良□苦口(양약고구) : 좋은 약은 입에 쓰다는 뜻으로, 좋은 충고는 귀에 거슬린다는 말.

217) 苛斂誅□(가렴주구) : 재물을 강제로 빼앗고 세금을 가혹하게 거두어 백성의 삶을 어렵게 함.

218) 苦盡□來(고진감래) : 고생이 다하면 즐거움이 온다는 말.

219) 苦□之策(고육지책) : 적을 속이기 위한 수단으로서 자신의 고통을 돌보지 않고 쓰는 계책.

220) □唐無稽(황당무계) : 허황되고 근거가 없다는 뜻. 하는 일이 너무 어처구니가 없어 달리 그런 경우를 찾기 어려움.

221) 莫逆之□(막역지우) : 마음이 맞아 조금도 거슬림이 없는 친구. 극히 친밀한 벗.

222) 萬事□通(만사형통) : 모든 일이 두루 뜻대로 이루어지다.

223) 萬□之策(만전지책) : 가장 안전하거나 완전한 대책.

224) 萬壽無□(만수무강) : 만 년을 살아도 끝이 없다. 장수(長壽)를 기원하는 말.

225) 萬□群象(만휘군상) : 온갖 일과 물건. 세상 만물의 현상이나 수없이 모여 이룬 무리.

226) 落花□水(낙화유수) : 흐르는 물위에 꽃잎이 떨어짐. 사물이 쇠퇴해 가는 모습이나 힘과 세력이 약해져 아주 보잘것없이 됨을 비유하는 말.

227) 虎□眈眈(호시탐탐) : 호랑이가 먹이를 노린다는 뜻. 사나운 눈으로 기회를 노리며 형세를 살핌.

228) 虛張□勢(허장성세) : 헛되이 목소리의 기세만 높인다는 뜻으로, 실력이 없으면서도 허
　　　 세로만 떠벌림.

229) 虛心坦□(허심탄회) : 마음을 비우고 생각을 터놓음.

230) 虛無孟□(허무맹랑) : 말하기 어려울 만큼 터무니없고 거짓되어 실상(實相)이 없음.

231) 虛禮虛□(허례허식) : 마음이나 정성이 없이 겉으로만 번드르르하게 꾸밈.

232) 螢□之功(형설지공) : 반딧불과 눈빛으로 이룬 공이라는 뜻. 가난 속에서 고생하며 공부
　　　 하여 마침내 큰 공을 이룸을 일컫는 말.

233) □口難防(중구난방) : 여러 사람의 입을 막기는 어렵다는 뜻으로, 막기 어려울 정도로 여럿이 마구 지껄임을 이르는 말.

234) 衆寡不□(중과부적) : 적은 것으로 많은 것을 대적할 수 없다는 뜻.

235) 表□不同(표리부동) : 겉과 속이 같지 않음이란 뜻. 마음이 음흉(陰凶)하여 겉과 속이 다름.

236) 見危致□(견위치명) : 나라의 위태로움을 보면 목숨을 아끼지 않고 던져 싸움. 견위수명(見危授命)과 같은 말.

237) 見□拔劍(견문발검) : 모기를 보고 칼을 빼어 들다. 사소한 일에 맞지 않게 큰 대책을 세우는 것을 말함.

238) 言中有□(언중유골) : 말 속에 뼈가 있다는 뜻으로, 예사로운 말 속에 깊은 속뜻이 숨어
있음을 비유적으로 이르는 말.

239) 言□道斷(언어도단) : 말할 길이 끊어졌다는 뜻. 너무 어이가 없어서 말문이 막힘.

240) 語不成□(어불성설) : 말이 조금도 이치에 맞지 않음.

241) 說往說□(설왕설래) : 여러 말이 서로 오고감. 서로 옥신각신하며 변론(辯論)을 주고받다.

242) 論□行賞(논공행상) : 공(功)이 있고 없음이나 크고 작음을 따져 적절한 상을 내림.

243) 變化難□(변화난측) : 변화가 심하여 이루 다 측량하기 어려움.

244) □官汚吏(탐관오리) : 탐욕이 많아 부정을 일삼는 벼슬아치를 말함.

245) □反荷杖(적반하장) : 도적이 오히려 몽둥이를 든다는 뜻. 즉 잘못한 사람이 도리어 반
항하고 덤벼들며 잘 한 사람을 나무라는 경우를 말함.

246) 賢問□答(현문우답) : 어진 물음에 대한 어리석은 대답.

247) 走馬加□(주마가편) : 달리는 말에 채찍을 더한다는 뜻. 근면하고 성실한 사람을 더욱
잘 하라고 격려함.

248) 走馬□山(주마간산) : 말을 타고 달리면서 산을 본다는 뜻. 바빠서 자세히 관찰을 못하
고 지나치다. 走馬看花(주마간화).

249) 起□回生(기사회생) : 거의 죽을 뻔하다가 도로 살아남. 역경을 이기고 재기하는 것을
이르는 말.

250) 輕□妄動(경거망동) : 가볍고 망령되이 행동함. 경솔하고 조심성 없이 행동함을 이르는
말.

251) 輾□反側(전전반측) : 누워서 이리 뒤척 저리 뒤척 잠을 이루지 못한다는 뜻. 걱정거리
로 마음이 괴로워 잠을 이루지 못함.

252) 轉禍爲□(전화위복) : 화가 바뀌어 오히려 복이 된다는 뜻.

253) 近墨者□(근묵자흑) : 먹을 가까이 하는 사람은 검어진다. 나쁜 사람과 가까이 하면 그
버릇에 물들기 쉽다는 말.

254) 送舊□新(송구영신) : 묵은해를 보내고 새해를 맞이함.

255) 過□非禮(과공비례) : 지나친 공손(恭遜)은 오히려 예의(禮儀)에 벗어남.

256) 過□不及(과유불급) : 중용(中庸)을 벗어나 정도가 지나치면 미치지 못함과 같음.

257) 酒□肉林(주지육림) : 술이 못을 이루고 고기가 숲을 이룬다는 뜻. 술과 고기로 호화롭게 잘 차린 술잔치. 매우 호화롭고 방탕한 생활을 이르는 말.

258) 金枝玉□(금지옥엽) : 금으로 된 가지와 옥으로 된 잎. 임금의 일족이나 매우 귀한 자손을 소중하게 일컫는 말.

259) 金石□約(금석맹약) : 쇠와 돌 같이 굳게 맹세(盟誓)하여 맺은 약속.

260) 針小□大(침소봉대) : 바늘같이 작은 것을 몽둥이 만하다고 크게 부풀려 말한다는 뜻.
즉 작은 것을 크게 과장해서 말함.

261) 錦上□花(금상첨화) : 비단(緋緞) 위에 꽃을 더한다는 뜻. 잘된 위에 더욱 잘된 것이 더
하여짐.

262) 錦衣□鄕(금의환향) : 벼슬을 하거나 크게 성공하여 비단옷을 입고 고향에 돌아옴.

263) 阿鼻叫□(아비규환) : '아비'는 무간지옥(無間地獄)을 말하고, '규환' 역시 옥종이 몹시 괴
롭혀 그 괴로움으로 울부짖는 死後의 지옥(地獄)을 말한다. 모두 팔
대지옥(八大地獄)에 속한다. 즉 여러 사람이 비참한 지경에 처하여
쉴 틈 없이 고통을 받아 헤어나려고 울부짖는 것을 형용하는 말이다.

264) 附和□同(부화뇌동) : 우레 소리에 맞춰 함께 한다는 뜻. 아무 비판 없이 타인의 말에
덩달아 따르다.

265) □世之感(격세지감) : 세대를 뛰어 넘는 것처럼 많은 변화가 있음을 이르는 말.

266) 難□難弟(난형난제) : 누구를 형이라 누구를 아우라 말하기가 어렵다. 즉 사물의 우열을 가늠하기가 어렵다는 말. 서로 매우 비슷함.

267) 難□不落(난공불락) : 공격하기가 어려워 좀처럼 함락(陷落)되지 않음.

268) 靑出於□(청출어람) : 쪽에서 나온 푸른색이 쪽보다 더 푸르다는 뜻. 제자가 스승보다 나음을 비유한 말. 청출어람이청어람(靑出於藍而靑於藍)의 준말.

269) □山流水(청산유수) : 푸른 산과 흐르는 물이라는 뜻. 말을 거침없이 잘함을 비유함.

270) 靑雲之□(청운지지) : 청운(靑雲)의 뜻. 지조의 고결함 혹은 남보다 훌륭하게 출세할 뜻
을 갖고 있는 마음.

271) 非夢□夢(비몽사몽) : 꿈인지 생시인지 분간하기 어려워 어렴풋함.

272) 面從□背(면종복배) : 겉으로는 복종하는 체하면서 내심으로는 배반함.

273) 風□燈火(풍전등화) : 바람 앞의 등불이란 뜻. 사물이 오래 견디지 못하고 매우 위급한
자리에 놓여 있음을 가리키는 말.

274) 風樹之□(풍수지탄) : 부모에게 효도를 다하려고 생각할 때에는 이미 돌아가셔서 그 뜻
을 이룰 수 없음을 이르는 말.

275) 馬耳東□(마이동풍) : 말의 귀에 스치는 동풍. 즉 남의 비평이나 의견을 조금도 귀담아 듣지 않고 흘려 버림을 비유함.

276) □天動地(경천동지) : 하늘을 놀라게 하고 땅을 흔든다는 뜻으로, 세상을 몹시 놀라게 하는 것을 비유적으로 이르는 말.

277) 骨肉□爭(골육상쟁) : 혈족끼리 서로 다투고 해치는 것. 骨肉相殘(골육상잔)과 같음.

278) 鳥□之血(조족지혈) : 새발의 피라는 뜻. 극히 적은 분량을 말함.

279) 鶴首□待(학수고대) : 학처럼 목을 길게 빼고 기다린다는 뜻. 몹시 기다림을 이르는 말.

280) 龍頭□尾(용두사미) : 머리는 용으로 시작했으나 꼬리는 뱀이라는 뜻. 처음에는 그럴 듯
하다가 나중에는 흐지부지되는 것.

281) 爛□討論(난상토론) : 낱낱이 들어 잘 토의함. 여러 사람이 자세하게 의논한다.

282) 累卵之□(누란지위) : 달걀을 쌓아 놓은 것처럼 매우 위태로운 형세.

283) 類類相□(유유상종) : 사람이나 사물은 같은 무리끼리 서로 따른다.

284) 臨□無退(임전무퇴) : 신라(新羅) 화랑(花郞)의 세속오계(世俗五戒) 중 하나. 전쟁에 임
하여 물러서지 않음을 이름.

02 다음 사자성어의 뜻풀이로 적당한 것은?

1) 一刀兩斷
   ① 남아가 칼을 뽑으면 반드시 베어내야 함
   ② 무딘 칼로도 사물을 두 동강 낼 수 있음
   ③ 어떤 일을 머뭇거리지 않고 선뜻 결정함
   ④ 행동에는 항상 신중을 기해야 함

2) 一葉知秋
   ① 가을이 되었으니 마땅히 낙엽이 짐
   ② 한 가지의 일을 보고 장차 있을 일을 짐작함
   ③ 한 가지 징조로는 미래를 알기 어려움
   ④ 어떤 상황이 발생하기 전에는 반드시 징조가 있음

3) 七顚八倒
   ① 일곱 번 구르고 여덟 번 넘어진다
   ② 일곱 번 넘어져도 여덟 번 일어난다
   ③ 쉬운 일을 매우 어렵게 처리함
   ④ 어려운 일을 용감하게 처리함

4) 三旬九食
   ① 하루 세 끼 밥을 먹을 정도는 됨
   ② 9일 동안 겨우 세 끼밖에 못 먹음
   ③ 하루 아홉 끼를 먹을 정도로 집안이 부유함
   ④ 집안이 몹시 가난함

5) 下石上臺
   ① 아랫돌이 윗돌보다 커야 안정됨
   ② 임시변통으로 이리저리 둘러 맞춤
   ③ 아랫돌로 윗돌을 내리 침
   ④ 일을 아무렇게나 하지 않고 안정되게 처리함

6) 不恥下問

　① 질문을 하는 데에는 반드시 격식을 차려야 함

　② 아랫사람에게 질문을 해서는 안 됨

　③ 지위나 나이, 학식 따위가 자기보다 못한 사람에게 묻는 것을 부끄러워하지 않음

　④ 학식이나 지위가 낮은 사람에게 질문하는 것은 부끄러운 일임

7) 九折羊腸

　① 아홉 번 산구비를 돌면 양을 만날 수 있음

　② 양의 창자는 아홉 번 구부러져 있음

　③ 모든 일은 여러 차례 단련해야 부드러워짐

　④ 양의 창자처럼 이리저리 꼬부라지고 험한 산길

8) 乾坤一擲

　① 운명을 걸고 온 힘을 기울여 겨루는 마지막 한판 승부

　② 하늘과 땅이 맞닿아 조화로운 광경을 연출함

　③ 하늘과 땅을 한 번에 분리함

　④ 한 번의 주사위로는 승부를 판가름하기 어려움

9) 仁者無敵

　① 어진 사람은 적을 두려워하지 않음

　② 어진 사람은 천하에 적으로 대하는 사람이 없음

　③ 어진 사람일수록 적들이 두려워 함

　④ 어진 사람은 천하에 널려 있음

10) 割半之痛

　① 몸을 베어내도 고통이 없음

　② 고통의 절반을 덜어 줄 친근한 사람

　③ 몸의 반쪽을 베어 내는 고통

　④ 고통은 나누면 절반이 됨

11) 十目所視

　　① 여러 사람이 다 보고 있으므로 속일 수 없음

　　② 여러 사람이 바라보므로 행동에 거침이 없어야 함

　　③ 열 사람의 눈은 한 사람의 눈보다 나음

　　④ 열 사람이 힘을 합하면 이루지 못 할 일이 없음

12) 南柯一夢

　　① 남쪽을 여행하는 아름다운 꿈

　　② 덧없는 꿈이나 부귀영화

　　③ 꿈 속에 그려진 고향의 모습

　　④ 남쪽 고향집이 꿈 속에 그려짐

13) 姑息之計

　　① 잠깐의 휴식은 승리를 위한 밑거름

　　② 잠시의 노력으로 큰 성과를 이룸

　　③ 훌륭한 성취는 잠깐의 노력으로 이룰 수 없음

　　④ 임시방편으로 당장 편한 것을 택하는 꾀나 방법

14) 敬而遠之

　　① 겉으로는 공경하는 체하면서 속으로는 꺼리어 멀리함

　　② 윗어른을 항상 공경하는 바른 태도

　　③ 겉으로 공경하면 마음 속으로도 거스를 수 없음

　　④ 공경심은 마음 깊히 먼 곳에서 나옴

15) 昏定晨省

　　① 혼미하게 잠들고 새벽에 정신이 듬

　　② 밤에는 부모의 잠자리를 보아 드리고 이른 아침에는 밤새 안부를 여쭘

　　③ 혼란한 가운데서 마음의 고요함을 찾아냄

　　④ 부모님을 저녁에 일찍 주무시게 하고 새벽 이른 시간에 깨워드림

16) 朝令暮改

① 아침 저녁으로 자신의 행동거지를 뉘우침

② 아침에 내린 명령을 저녁까지 고치지 않음

③ 아침에 명령을 내렸다가 저녁에 다시 고침

④ 매사 일관된 사고와 행동이 중요함

17) 民貴君輕

① 백성이 존귀하고, 임금은 가벼움

② 백성이 귀하게 여기는 것을 임금은 가볍게 생각함

③ 임금과 백성은 서로 경중을 따지지 아니함

④ 임금이 경시 여길지라도 백성은 귀히 여겨야 함

18) 漸入佳境

① 갈수록 점점 더 좋거나 재미가 있음

② 들어 가면 갈수록 사태가 점점 어려워짐

③ 점차 진입할수록 아름다움이 사라짐

④ 들고 나기가 매우 어려울 정도로 입구가 좁음

19) 目不忍見

① 눈으로 볼 수 없는 광경도 인내로 이겨냄

② 눈을 감고 어려운 상황을 인내함

③ 눈으로 차마 볼 수 없음

④ 눈꼴사나운 일도 참고 보면 좋아짐

20) 知過必改

① 알고 지나치면 반드시 개선할 점이 생김

② 허물을 알면 즉시 고쳐야 함

③ 친구의 허물은 너그러이 덮어줌

④ 남의 허물을 들추지 않음

21) 矯角殺牛

    ① 소 잃고 외양간 고침

    ② 결점이나 흠을 고치려다 정도가 지나쳐 오히려 일을 그르침

    ③ 쇠 귀에 경 읽기

    ④ 소의 결점이나 못된 점은 죽여서라도 고쳐야 함

22) 經世濟民

    ① 세상의 경제활동은 백성들이 중심이 됨

    ② 세상을 구제하고 백성을 잘 다스림

    ③ 세상과 나라를 다스리고 백성을 구제함

    ④ 경제가 발달하면 백성들이 부유해짐

23) 蓋世之才

    ① 세상을 뒤덮을 만큼 뛰어난 재주

    ② 세상을 지배할 만큼 용맹스러움

    ③ 용맹스러운 자가 세상을 지배함

    ④ 세상을 등지고 초야에 은둔함

24) 兩是雙非

    ① 사태의 해결은 쌍방의 이야기를 모두 들어야 가능함

    ② 양측의 형세가 엇비슷하여 우열을 가리기 어려움

    ③ 양편의 주장이 각각 다 이유가 있어서 시비를 가리기 어려움

    ④ 한 쪽이 옳으면 나머지 한 쪽은 반드시 그름

25) 臨戰無退

    ① 전쟁에 임하기 전 반드시 미리 퇴로를 확보함

    ② 전쟁에 임하였으나 부득불 퇴각함

    ③ 전쟁에서 퇴각하지 않는 장수는 없음

    ④ 전쟁에 임하여 물러서지 않음

03 다음 뜻에 해당하는 사자성어는?

1) 말이 조금도 이치에 맞지 않음.
　① 言語道斷　　　② 言中有骨　　　③ 語不成說　　　④ 異口同聲

2) 자신에게만 이롭게 행동함.
　① 安貧樂道　　　② 我田引水　　　③ 他山之石　　　④ 兎死狗烹

3) 사소한 일에 집착하다가 큰 일을 그르침.
　① 小貪大失　　　② 沈思熟考　　　③ 針小棒大　　　④ 千慮一失

4) 공적인 일을 먼저 하고 사사로운 일은 나중에 함.
　① 論功行賞　　　② 臨機應變　　　③ 公平無私　　　④ 先公後私

5) 죽고 사는 것을 가리지 않고 끝장을 내려고 덤벼듦.
　① 死生決斷　　　② 寸鐵殺人　　　③ 生不如死　　　④ 生殺與奪

6) 비록 목숨을 버릴지언정 옳은 일을 함.
　① 含憤蓄怨　　　② 捨生取義　　　③ 大義滅親　　　④ 粉骨碎身

7) 어떤 어려운 일을 당해 온갖 꾀를 써 보아도 풀 만한 계교나 대책이 없음.
　① 不可抗力　　　② 臥薪嘗膽　　　③ 百計無策　　　④ 一敗塗地

8) 하는 일 없이 먹고 놀기만 함.
　① 食前方丈　　　② 無爲徒食　　　③ 三旬九食　　　④ 十匙一飯

9) 세상 만물의 현상이나 수없이 모여 이룬 무리.
　① 萬彙群象　　　② 雲泥之差　　　③ 類類相從　　　④ 衆口難防

10) 같은 처지에 있는 듯 하면서도 서로의 생각이나 입장이 다름.
  ① 知彼知己   ② 千慮一得   ③ 同床異夢   ④ 表裏不同

11) 가까이에서 일어난 일을 오히려 잘 모른다는 뜻을 비유한 말.
  ① 風前燈火   ② 姑息之計   ③ 燈下不明   ④ 不問可知

12) 잘 살펴볼 수 있으면서도 보통의 이치로는 헤아리기 어려운 일을 이르는 말.
  ① 能見難思   ② 不恥下問   ③ 深思熟考   ④ 暗中摸索

13) 재능이 빼어난 사람은 숨어 있어도 저절로 남의 눈에 드러남.
  ① 梁上君子   ② 囊中之錐   ③ 愚公移山   ④ 羽化登仙

14) 매우 귀한 자손을 소중하게 일컫는 말.
  ① 金枝玉葉   ② 雲上氣稟   ③ 天衣無縫   ④ 偕老同穴

15) 자기를 극복하여 예로 돌아가다.
  ① 浩然之氣   ② 愛人如己   ③ 克己復禮   ④ 換骨奪胎

16) 권력의 허망하고 덧없음을 일컬음.
  ① 權謀術數   ② 權不十年   ③ 亡羊之歎   ④ 脣亡齒寒

17) 겉으로는 친절하게 대하는 척 하면서 속으로는 딴 생각을 품고 있는 경우.
  ① 口尙乳臭   ② 良藥苦口   ③ 如出一口   ④ 口蜜腹劍

18) 가르침과 배움이 서로 늘게 됨.
  ① 敎學相長   ② 同門修學   ③ 同病相憐   ④ 輔車相依

19) 지나친 공손은 오히려 예의에 벗어남.
  ① 過恭非禮   ② 過猶不及   ③ 矯枉過正   ④ 引過自責

20) 한 마디 말로 뭇 사람을 놀라게 한다.
  ① 一面如舊   ② 一鳴警人   ③ 一刀兩斷   ④ 一葉知秋

Ⅵ. 천자문 5번 쓰기

天	地	玄	黃	宇	宙	洪	荒
하늘 천	땅 지	검을 현	누를 황	집 우	집 주	넓을 홍	거칠 황

日	月	盈	昃
날 일	달 월	찰 영	기울 측

辰	宿	列	張
별 진	잘 숙	벌일 열	베풀 장

寒	來	暑	往
찰 한	올 래	더울 서	갈 왕

秋	收	冬	藏
가을 추	거둘 수	겨울 동	감출 장

閏	餘	成	歲
윤달 윤	남을 여	이룰 성	해 세

律	呂	調	陽
가락 률	음률 려	고를 조	볕 양

雲	騰	致	雨
구름 운	오를 등	이를 치	비 우

露	結	爲	霜
이슬 로	맺을 결	할 위	서리 상

金	生	麗	水
쇠 금	날 생	고울 려	물 수

玉	出	崑	岡
구슬 옥	날 출	산이름 곤	언덕 강

劍	號	巨	闕
칼 검	이름 호	클 거	대궐 궐

珠	稱	夜	光
구슬 주	일컬을 칭	밤 야	빛 광

果	珍	李	柰
과실 과	보배 진	오얏 리	능금나무 내

菜	重	芥	薑
나물 채	무거울 중	겨자 개	생강 강

海	鹹	河	淡
바다 해	짤 함	물 하	묽을 담

鱗	潛	羽	翔
비늘 린	잠길 잠	깃 우	높이 날 상

龍	師	火	帝
용 용	스승 사	불 화	임금 제

鳥	官	人	皇
새 조	벼슬 관	사람 인	임금 황

始	制	文	字
처음 시	지을 제	글월 문	글자 자

乃	服	衣	裳
이에 내	옷 복	옷 의	치마 상

推	位	讓	國
밀 추	자리 위	사양할 양	나라 국

有	虞	陶	唐
있을 유	헤아릴 우	질그릇 도	당나라 당

弔	民	伐	罪
슬퍼할 조	백성 민	칠 벌	허물 죄

周	發	殷	湯
두루 주	필 발	성할 은	끓을 탕

坐	朝	問	道
앉을 좌	조정 조	물을 문	길 도

垂	拱	平	章
드리울 수	두손 맞잡을 공	평평할 평	글월 장

愛	育	黎	首
사랑 애	기를 육	검을 려	머리 수

臣	伏	戎	羌
신하 신	엎드릴 복	오랑캐 융	오랑캐 강

遐	邇	壹	體		率	賓	歸	王
멀 하	가까울 이	한 일	몸 체		거느릴 솔	손 빈	돌아갈 귀	임금 왕

鳴	鳳	在	樹		白	駒	食	場
울 명	봉황새 봉	있을 재	나무 수		흰 백	망아지 구	먹을 식	마당 장

化	被	草	木
될 화	입을 피	풀 초	나무 목

賴	及	萬	方
힘입을 뢰	미칠 급	일만 만	모 방

盖	此	身	髮
덮을 개	이 차	몸 신	터럭 발

四	大	五	常
넉 사	큰 대	다섯 오	항상 상

恭	惟	鞠	養
공손할 공	오직 유	기를 국	기를 양

豈	敢	毁	傷
어찌 기	감히 감	헐 훼	상할 상

女	慕	貞	烈
계집 녀	사모할 모	곧을 정	매울 렬

男	效	才	良
사내 남	본받을 효	재주 재	어질 량

知	過	必	改
알 지	지날 과	반드시 필	고칠 개

得	能	莫	忘
얻을 득	능할 능	말 막	잊을 망

罔	談	彼	短
없을 망	말씀 담	저 피	짧을 단

靡	恃	己	長
아닐 미	믿을 시	자기 기	길 장

信	使	可	覆		器	欲	難	量
믿을 신	하여금 사	옳을 가	뒤집힐 복		그릇 기	하고자 할 욕	어려울 난	헤아릴 량

墨	悲	絲	染		詩	讚	羔	羊
먹 묵	슬플 비	실 사	물들일 염		시 시	칭찬할 찬	새끼양 고	양 양

景	行	維	賢
볕 경	다닐 행	바 유	어질 현

克	念	作	聖
이길 극	생각 념	지을 작	성인 성

德	建	名	立
덕 덕	세울 건	이름 명	설 립

形	端	表	正
모양 형	바를 단	겉 표	바를 정

空	谷	傳	聲
빌 공	골짜기 곡	전할 전	소리 성

虛	堂	習	聽
빌 허	집 당	익힐 습	들을 청

禍	因	惡	積
재앙 화	인할 인	악할 악	쌓을 적

福	緣	善	慶
복 복	인연 연	착할 선	경사 경

尺	璧	非	寶
자 척	구슬 벽	아닐 비	보배 보

寸	陰	是	競
마디 촌	그늘 음	옳을 시	다툴 경

資	父	事	君
자료 자	아비 부	섬길 사	임금 군

曰	嚴	與	敬
가로 왈	엄할 엄	줄 여	공경할 경

孝	當	竭	力
효도 효	마땅할 당	다할 갈	힘 력

忠	則	盡	命
충성 충	곧 즉	다할 진	목숨 명

臨	深	履	薄
임할 림	깊을 심	밟을 리	얇을 박

夙	興	溫	凊
일찍 숙	흥할 흥	따뜻할 온	서늘할 정

似	蘭	斯	馨
같을 사	난초 란	이 사	꽃다울 형

如	松	之	盛
같을 여	소나무 송	갈 지	성할 성

川	流	不	息
내 천	흐를 류	아닐 불	쉴 식

淵	澄	取	映
못 연	맑을 징	취할 취	비칠 영

容	止	若	思
얼굴 용	그칠 지	같을 약	생각 사

言	辭	安	定
말씀 언	말씀 사	편안할 안	정할 정

篤	初	誠	美
도타울 독	처음 초	정성 성	아름다울 미

愼	終	宜	令
삼갈 신	마칠 종	마땅 의	좋을 령

榮	業	所	基
영화 영	일 업	바 소	터 기

籍	甚	無	竟
서적 적	심할 심	없을 무	다할 경

學	優	登	仕
배울 학	넉넉할 우	오를 등	벼슬 사

攝	職	從	政
잡을 섭	벼슬 직	좇을 종	정사 정

存	以	甘	棠
있을 존	써 이	달 감	해당화 당

去	而	益	詠
갈 거	어조사 이	더할 익	읊을 영

樂	殊	貴	賤
풍류 악	다를 수	귀할 귀	천할 천

禮	別	尊	卑
예도 례	다를 별	높을 존	낮을 비

上	和	下	睦
위 상	화할 화	아래 하	화목할 목

夫	唱	婦	隨
지아비 부	부를 창	아내 부	따를 수

外	受	傅	訓
바깥 외	받을 수	스승 부	가르칠 훈

入	奉	母	儀
들 입	받들 봉	어미 모	거동 의

諸	姑	伯	叔
모두 제	시어미 고	맏 백	아재비 숙

猶	子	比	兒
같을 유	아들 자	견줄 비	아이 아

孔	懷	兄	弟
구멍 공	품을 회	맏 형	아우 제

同	氣	連	枝
한가지 동	기운 기	이어질 연	가지 지

交	友	投	分
사귈 교	벗 우	던질 투	나눌 분

切	磨	箴	規
끊을 절	갈 마	경계 잠	법 규

仁	慈	隱	惻
어질 인	사랑할 자	숨을 은	슬플 측

造	次	弗	離
지을 조	버금 차	아닐 불	떠날 리

節	義	廉	退
마디 절	옳을 의	청렴 렴	물러갈 퇴

顚	沛	匪	虧
엎드릴 전	자빠질 패	아닐 비	이지러질 휴

性	靜	情	逸
성품 성	고요할 정	뜻 정	편안할 일

心	動	神	疲
마음 심	움직일 동	귀신 신	피곤할 피

守	眞	志	滿
지킬 수	참 진	뜻 지	찰 만

逐	物	意	移
쫓을 축	만물 물	뜻 의	옮길 이

堅	持	雅	操
굳을 견	가질 지	우아할 아	잡을 조

好	爵	自	縻
좋을 호	벼슬 작	스스로 자	얽을 미

都	邑	華	夏
도읍 도	고을 읍	빛날 화	여름 하

東	西	二	京
동녘 동	서녘 서	두 이	서울 경

背	邙	面	洛
등 배	산이름 망	얼굴 면	강이름 락

浮	渭	據	涇
뜰 부	강이름 위	의거할 거	통할 경

宮	殿	盤	鬱
집 궁	큰집 전	밑받침 반	무성할 울

樓	觀	飛	驚
다락 루	볼 관	날 비	놀랄 경

圖	寫	禽	獸
그림 도	베낄 사	날짐승 금	짐승 수

畵	綵	仙	靈
그림 화	채색 채	신선 선	신령 령

丙	舍	傍	啓
남녘 병	집 사	곁 방	열 계

甲	帳	對	楹
갑옷 갑	휘장 장	대할 대	기둥 영

肆	筵	設	席
베풀 사	자리 연	베풀 설	자리 석

鼓	瑟	吹	笙
두드릴 고	비파 슬	불 취	생황 생

陞	階	納	陛
오를 승	섬돌 계	바칠 납	섬돌 폐

弁	轉	疑	星
고깔 변	구를 전	의심할 의	별 성

右	通	廣	內
오른쪽 우	통할 통	넓을 광	안 내

左	達	承	明
왼 좌	통달할 달	이을 승	밝을 명

旣	集	墳	典
이미 기	모을 집	무덤 분	법 전

亦	聚	群	英
또 역	모을 취	무리 군	꽃부리 영

杜	槀	鐘	隸
막을 두	볏집 고	쇠북 종	붙을 례

漆	書	壁	經
옻칠할 칠	쓸 서	벽 벽	경서 경

府	羅	將	相
마을 부	벌릴 라	장수 장	서로 상

路	夾	槐	卿
길 로	낄 협	홰나무 괴	벼슬 경

戶	封	八	縣
지게 호	봉할 봉	여덟 팔	고을 현

家	給	千	兵
집 가	줄 급	일천 천	군사 병

高	冠	陪	輦
높을 고	갓 관	더할 배	손수레 련

驅	轂	振	纓
몰 구	바퀴 곡	떨칠 진	갓끈 영

世	祿	侈	富
세상 세	녹봉 록	사치할 치	부귀 부

車	駕	肥	輕
수레 거	가마 가	살찔 비	가벼울 경

策	功	茂	實
꾀 책	공로 공	무성할 무	열매 실

勒	碑	刻	銘
굴레 륵	비석 비	새길 각	새길 명

磻	溪	伊	尹
강이름 반	시내 계	저 이	다스릴 윤

佐	時	阿	衡
도울 좌	때 시	언덕 아	저울대 형

奄	宅	曲	阜	微	旦	孰	營
가릴 엄	집 택	굽을 곡	언덕 부	작을 미	아침 단	누구 숙	경영할 영

桓	公	匡	合	濟	弱	扶	傾
굳셀 환	공변될 공	바를 광	모을 합	구제할 제	약할 약	도울 부	기울 경

綺	回	漢	惠
비단 기	돌아올 회	한수 한	은혜 혜

說	感	武	丁
말씀 설	느낄 감	굳셀 무	고무레 정

俊	乂	密	勿
준걸 준	어질 예	빽빽할 밀	말 물

多	士	寔	寧
많을 다	선비 사	참으로 식	편안할 녕

晋	楚	更	覇
나라 진	나라 초	다시 갱	으뜸 패

趙	魏	困	橫
나라 조	나라 위	괴로울 곤	가로 횡

假	途	滅	虢
거짓 가	길 도	멸할 멸	나라 괵

踐	土	會	盟
밟을 천	흙 토	모일 회	맹세할 맹

何	遵	約	法
어찌 하	좇을 준	약속할 약	법 법

韓	弊	煩	刑
나라 한	낡을 폐	번거로울 번	형벌 형

起	翦	頗	牧
일어날 기	자를 전	자못 파	칠 목

用	軍	最	精
쓸 용	군사 군	가장 최	자세할 정

宣	威	沙	漠
베풀 선	위엄 위	모래 사	아득할 막

馳	譽	丹	靑
달릴 치	기릴 예	붉을 단	푸를 청

九	州	禹	跡
아홉 구	고을 주	하우씨 우	자취 적

百	郡	秦	幷
일백 백	고을 군	나라 진	아우릴 병

嶽	宗	恒	垈
산마루 악	마루 종	항상 항	뫼 대

禪	主	云	亭
봉선 선	임금 주	이를 운	정자 정

雁	門	紫	塞
기러기 안	문 문	자주빛 자	변방 새

鷄	田	赤	城
닭 계	밭 전	붉을 적	성 성

昆	池	碣	石
맏 곤	못 지	비석 갈	돌 석

鉅	野	洞	庭
클 거	들 야	골짜기 동	마당 정

曠	遠	綿	邈
밝을 광	멀 원	이어질 면	멀 막

巖	岫	杳	冥
바위 암	산굴 수	아득할 묘	어두울 명

治	本	於	農
다스릴 치	근본 본	어조사 어	농사 농

務	玆	稼	穡
힘쓸 무	이에 자	심을 가	거둘 색

俶	載	南	畝
비로소 숙	실을 재	남녘 남	이랑 무

我	藝	黍	稷
나 아	재주 예	기장 서	피 직

稅	熟	貢	新
징수할 세	익을 숙	바칠 공	새 신

勸	賞	黜	陟
권할 권	상줄 상	물리칠 출	오를 척

孟	軻	敦	素
맏 맹	수레 가	도타울 돈	흴 소

史	魚	秉	直
역사 사	물고기 어	잡을 병	곧을 직

庶	幾	中	庸
여러 서	몇 기	가운데 중	쓸 용

勞	謙	謹	勅
힘쓸 로	겸손할 겸	삼갈 근	경계할 칙

聆	音	察	理
들을 령	소리 음	살필 찰	다스릴 리

鑑	貌	辨	色
거울 감	모양 모	분별할 변	빛 색

貽	厥	嘉	猷	勉	其	祗	植
끼칠 이	그 궐	아름다울 가	꾀할 유	힘쓸 면	그 기	공경할 지	심을 식

省	躬	譏	誡	寵	增	抗	極
살필 성	몸 궁	나무랄 기	경계할 계	고일 총	더할 증	막을 항	다할 극

殆	辱	近	恥
위태할 태	욕될 욕	가까울 근	부끄러울 치

林	皐	幸	卽
수풀 림	언덕 고	다행 행	곧 즉

兩	疏	見	機
두 량	트일 소	볼 견	틀 기

解	組	誰	逼
풀 해	짤 조	누구 수	핍박할 핍

索	居	閑	處
찾을 색	살 거	한가할 한	곳 처

沈	黙	寂	寥
잠길 침	묵묵할 묵	고요할 적	고요 요

求	古	尋	論
구할 구	옛 고	찾을 심	의논할 론

散	慮	逍	遙
흩어질 산	생각할 려	거닐 소	멀 요

欣	奏	累	遣
기쁠 흔	아뢸 주	묶을 루	보낼 견

慽	謝	歡	招
슬플 척	사례할 사	기쁠 환	부를 초

渠	荷	的	歷
도랑 거	연꽃 하	과녁 적	지낼 력

園	莽	抽	條
동산 원	풀 망	뺄 추	가지 조

枇	杷	晚	翠
비파나무 비	비파나무 파	늦을 만	푸를 취

梧	桐	早	凋
오동나무 오	오동나무 동	일찍 조	시들 조

陳	根	委	翳
베풀 진	뿌리 근	맡길 위	가릴 예

落	葉	飄	颻
떨어질 락	잎사귀 엽	회오리바람 표	질풍 요

遊	鷗	獨	運
헤엄칠 유	새 곤	홀로 독	돌 운

凌	摩	絳	宵
깔볼 릉	갈 마	진홍색 강	하늘 소

耽	讀	翫	市
즐길 탐	읽을 독	가지고 놀 완	시장 시

寓	目	囊	箱
머무를 우	눈 목	주머니 낭	상자 상

易	輶	攸	畏
바꿀 역	가벼울 유	바 유	두려워할 외

屬	耳	垣	牆
엮을 속	귀 이	담 원	담 장

具	膳	飱	飯
갖출 구	반찬 선	저녁밥 손	밥 반

適	口	充	腸
맞을 적	입 구	채울 충	창자 장

飽	飫	烹	宰
배부를 포	물릴 어	삶을 팽	재상 재

飢	厭	糟	糠
굶주릴 기	족할 염	지게미 조	겨 강

親	戚	故	舊
친할 친	겨레 척	옛 고	옛 구

老	少	異	糧
늙을 로	적을 소	다를 이	양식 량

妾	御	績	紡
첩 첩	모실 어	길쌈 적	길쌈 방

侍	巾	帷	房
모실 시	수건 건	휘장 유	방 방

紈	扇	圓	潔
흰비단 환	부채 선	둥글 원	깨끗할 결

銀	燭	輝	煌
은 은	촛불 촉	빛날 위	빛날 황

晝	眠	夕	寐
낮 주	잘 면	저녁 석	잘 매

藍	筍	象	床
쪽 람	죽순 순	코끼리 상	평상 상

絃	歌	酒	讌
줄 현	노래 가	술 주	잔치 연

接	杯	擧	觴
사귈 접	잔 배	들 거	잔 상

矯	手	頓	足
바로잡을 교	손 수	조아릴 돈	발 족

悅	豫	且	康
기쁠 열	미리 예	또 차	편안할 강

嫡	後	嗣	續
정실 적	뒤 후	이을 사	이을 속

祭	祀	蒸	嘗
제사 제	제사 사	찔 증	맛볼 상

稽	顙	再	拜
조아릴 계	이마 상	거듭 재	절 배

悚	懼	恐	惶
두려워할 송	두려워할 구	두려울 공	두려워할 황

牋	牒	簡	要
편지 전	편지 첩	대쪽 간	구할 요

顧	答	審	詳
돌아볼 고	대답할 답	살필 심	자세할 상

骸	垢	想	浴
뼈 해	때 구	생각할 상	목욕할 욕

執	熱	願	凉
잡을 집	더울 열	원할 원	서늘할 량

驢	騾	犢	特
나귀 려	노새 라	송아지 독	수컷 특

駭	躍	超	驤
놀랄 해	뛸 약	넘을 초	달릴 양

誅	斬	賊	盜	捕	獲	叛	亡
벨 주	벨 참	도적 적	훔칠 도	잡을 포	얻을 획	배반할 반	망할 망

布	射	遼	丸	嵇	琴	阮	嘯
베 포	쏠 사	멀 료	알 환	산이름 혜	거문고 금	악기 완	휘파람 소

恬	筆	倫	紙
편안할 념	붓 필	인륜 륜	종이 지

釣	巧	任	釣
고를 균	공교할 교	맡길 임	낚시 조

釋	紛	利	俗
풀 석	어지러울 분	이로울 리	풍속 속

竝	皆	佳	妙
아우를 병	다 개	아름다울 가	묘할 묘

毛	施	淑	姿
털 모	베풀 시	맑을 숙	모양 자

工	嚬	姸	笑
장인 공	찡그릴 빈	고울 연	웃을 소

年	矢	每	催
해 년	화살 시	매양 매	재촉할 최

曦	暉	朗	曜
햇빛 희	빛날 휘	밝을 랑	빛날 요

璇	璣	懸	斡	晦	魄	環	照
구슬 선	구슬 기	매달 현	빙빙돌 알	그믐 회	넋 백	고리 환	비칠 조

指	薪	修	祐	永	綏	吉	邵
손가락 지	섶나무 신	닦을 수	도울 우	길 영	편안할 수	길할 길	아름다울 소

矩	步	引	領
모날 구	걸음 보	끌 인	옷깃 령

俯	仰	廊	廟
구부릴 부	우러를 앙	복도 랑	사당 묘

束	帶	矜	莊
묶을 속	띠 대	자랑 긍	엄숙할 장

徘	徊	瞻	眺
노닐 배	노닐 회	볼 첨	바라볼 조

孤	陋	寡	聞
외로울 고	좁을 루	적을 과	들을 문

愚	蒙	等	誚
어리석을 우	입을 몽	같을 등	꾸짖을 초

謂	語	助	者
이를 위	말씀 어	도울 조	놈 자

焉	哉	乎	也
어찌 언	어조사 재	어조사 호	어조사 야

객관식문제 답안

Ⅰ. 한자의 구조

1.

1) 상형자(象形字): ①   지사자(指事字): ②   회의자(會意字): ③
   형성자(形聲字): ③   가차자(假借字): ③   전주자(轉注字): ②

2) 상형자(象形字): ③   지사자(指事字): ④   회의자(會意字): ②
   형성자(形聲字): ③   가차자(假借字): ①   전주자(轉注字): ④

3) 상형자(象形字): ②   지사자(指事字): ①   회의자(會意字): ④
   형성자(形聲字): ①   가차자(假借字): ③   전주자(轉注字): ①

4) 상형자(象形字): ②   지사자(指事字): ②   회의자(會意字): ①
   형성자(形聲字): ②   전주자(轉注字): ②

5) 상형자(象形字): ④   지사자(指事字): ④   회의자(會意字): ①
   형성자(形聲字): ④

6) 상형자(象形字): ③   지사자(指事字): ①   회의자(會意字): ④
   형성자(形聲字): ①

7) 상형자(象形字): ②   지사자(指事字): ③   회의자(會意字): ④
   형성자(形聲字): ②

8) 상형자(象形字): ①   지사자(指事字): ②   회의자(會意字): ①
   형성자(形聲字): ①

9) 상형자(象形字): ④   지사자(指事字): ③   회의자(會意字): ②
   형성자(形聲字): ④

10) 상형자(象形字): ②   지사자(指事字): ④   회의자(會意字): ②
    형성자(形聲字): ③

2.

1) ②	2) ②	3) ④	4) ①	5) ③
6) ②	7) ①	8) ①	9) ④	10) ③
11) ②	12) ③	13) ④	14) ③	15) ①
16) ①	17) ③	18) ④	19) ②	20) ②

Ⅱ. 한자의 부수

2.

1) ②	2) ①	3) ③	4) ③	5) ④
6) ④	7) ②	8) ②	9) ④	10) ③
11) ①	12) ④	13) ①	14) ②	15) ①
16) ④	17) ①	18) ③	19) ①	20) ①

Ⅲ. 필획과 필순 연습

1.

2)

(1) ①	(2) ④	(3) ③	(4) ②	(5) ③
(6) ④	(7) ②	(8) ①	(9) ③	(10) ④
(11) ②	(12) ①	(13) ③	(14) ①	(15) ④
(16) ②	(17) ④	(18) ①	(19) ③	(20) ②

2.

3)

(1) ③	(2) ①	(3) ④	(4) ③	(5) ②
(6) ①	(7) ②			

Ⅳ. 혼동하기 쉬운 한자

1.

1) ④	2) ②	3) ①	4) ④	5) ①
6) ②	7) ①	8) ③	9) ②	10) ④

2.

1) ④	2) ②	3) ②	4) ③	5) ①
6) ④	7) ③	8) ①	9) ②	10) ②

3.

1) ②	2) ①	3) ③	4) ④	5) ①
6) ②	7) ④	8) ①	9) ②	10) ③
11) ①	12) ④	13) ③	14) ③	15) ①
16) ①	17) ④	18) ②	19) ①	20) ①

4.

1) ①	2) ②	3) ①	4) ②	5) ④
6) ③	7) ①	8) ①	9) ①	10) ④
11) ③	12) ①	13) ②	14) ①	15) ④
16) ②	17) ①	18) ①	19) ②	20) ①

5.

1) ①	2) ②	3) ③	4) ②	5) ①
6) ④	7) ④	8) ②	9) ②	10) ③
11) ①	12) ③	13) ④	14) ②	15) ③
16) ③	17) ②	18) ①	19) ②	20) ②
21) ④	22) ①	23) ②	24) ③	25) ④
26) ②	27) ③	28) ②	29) ①	30) ③
31) ②	32) ④	33) ④	34) ①	35) ②
36) ③	37) ①	38) ③	39) ①	40) ③
41) ②	42) ④	43) ④	44) ③	45) ③
46) ②	47) ②	48) ③	49) ②	50) ②
51) ②	52) ③	53) ②	54) ③	55) ②

6.

1) ③	2) ②	3) ②	4) ③	5) ④
6) ②	7) ①	8) ①	9) ②	10) ④
11) ③	12) ③	13) ④	14) ①	15) ③
16) ②	17) ①	18) ④	19) ③	20) ②

7.

1) ③	2) ②	3) ④	4) ②	5) ③
6) ①	7) ①	8) ③	9) ②	10) ③
11) ②	12) ③	13) ④	14) ①	15) ②
16) ①	17) ②	18) ③	19) ②	20) ①

8.

1) ③	2) ③	3) ②	4) ③	5) ④
6) ①	7) ③	8) ④	9) ①	10) ②
11) ①	12) ③	13) ②	14) ③	15) ②
16) ①	17) ③	18) ②	19) ③	20) ④

V. 사자성어 연습

2.

1) ③	2) ②	3) ①	4) ④	5) ②
6) ③	7) ④	8) ①	9) ②	10) ③
11) ①	12) ②	13) ④	14) ①	15) ②
16) ③	17) ①	18) ①	19) ③	20) ②
21) ②	22) ③	23) ①	24) ③	25) ④

3.

1) ③	2) ②	3) ①	4) ④	5) ①
6) ②	7) ③	8) ②	9) ①	10) ③
11) ③	12) ①	13) ②	14) ①	15) ③
16) ②	17) ④	18) ①	19) ①	20) ②

▌ 편저자 약력 ▌

林永澤

단국대학교 중어중문학과 학사
베이징대학 중국언어문학과 석사
베이징대학 중국언어문학과 박사 (근대중국어 문법 전공)
서울디지털대학교 중국학부 교수 역임
現 서울신학대학교 중국어과 교수

NEW 教養漢文 Workbook

초 판 인 쇄 2017년 08월 17일
초 판 발 행 2017년 08월 25일

편 저 자 임 영 택
발 행 인 윤 석 현
발 행 처 제이앤씨
책 임 편 집 최인노
등 록 번 호 제7-220호

우 편 주 소 서울시 도봉구 우이천로 353 성주빌딩 3층
대 표 전 화 02) 992 / 3253
전   송 02) 991 / 1285
홈 페 이 지 http://jncbms.co.kr
전 자 우 편 jncbook@hanmail.net

ⓒ 임영택, 2017. Printed in KOREA

ISBN 979-11-5917-073-7   13710   정가 12,000원